灾难的启示

建立有效的应急反应战略

Learning from Catastrophes

Strategies for Reaction and Response

霍华德·昆鲁斯（Howard Kunreuther）
迈克尔·尤西姆（Michael Useem） 等著

何云朝　李险峰　兰　花　等译

中国人民大学出版社

·北京·

对本书的赞誉

风险，是当今时代发人深省的一个话题。《灾难的启示》一书将霍华德·昆鲁斯和迈克尔·尤西姆两位德高望重的学术精英及多位富有建树的学者的思想集中在一起，对风险问题进行了全面的阐述。昆鲁斯专门研究大规模灾难事件对经济的影响，对风险有着细致、深邃的见解。尤西姆是领导力研究领域的资深专家，他将领导力研究与商业课程结合在一起，并成功地将研究成果用于商业实践。宾夕法尼亚大学沃顿商学院的这两位教授在本书中对极端事件进行了深入分析，并对减轻灾难的影响提出了许多建议。编辑本书的想法产生于2009年世界经济论坛的讨论过程中。对于从事灾难预测和应急反应的专业人士来说，《灾难的启示》是一本必看的参考书。

——杰伊·菲什曼（Jay Fishman），旅行家公司（Travelers Companies, Inc.）董事长兼首席执行官

在21世纪的第一个十年里，我们既经历了自然灾害、大规模骚乱事件及严重的金融危机，也看到了许多领域内的全球化进展和欣欣向荣的景象。本书在第一时间告诉我们，应该如何利用人类在某些领域内取得的进步来抵御灾难。各个领域的专家在书中提出了各种各样的见解，但殊途同归，无论各方采取什么措施，都离不开交流与合作。我们都有责任利用技术、智慧、资金等资源防止灾难事件的发生，减轻灾难事件的危害。

——K. V. 卡马斯（K. V. Kamath），印度工业信贷投资银行董事长、印度工业协会前任主席

霍华德·昆鲁斯和迈克尔·尤西姆聚集了一大批杰出的思想家向人们传授救生知识，告诉人们如何在21世纪的航行中躲避大海的风浪。书中极其乐观的观点指导读者用知识武装自己，用智慧驱赶恐惧，同时告诉读者，我们在武装自己的同时，会创造一个更加美好、更加人性化、更加繁荣的人类社会。

——史蒂芬·E·弗林（Stephen E. Flynn），美国外交关系委员会反恐与国家安全高级研究员

序 PREFACE

2008年晚秋，700多位专家学者参加了在迪拜举行的世界经济论坛首届全球减灾议程理事会峰会。本次峰会于2007年发起，旨在号召商界领袖、学术精英及政府高官贡献智慧，共同解决当今时代最为紧迫的问题。参会人员就如何协调公共领域、私人领域及非政府领域的力量提出了许多既具有启发意义、又注重实效的新想法，议程涉及世界经济不平衡、生态系统、生物多样性等诸多方面。峰会结束后，减灾议程理事会主席霍华德·昆鲁斯（Howard Kunreuther）和迈克尔·尤西姆（Michael Useem）的心情久久不能平静。他们离开迪拜时，认为非常有必要对如何避免灾难、如何减少灾难损失的问题进行全面研究，本书即他们对这一问题的全面探索。

减灾议程理事会成员最初关注的只是对生命、财产及经济造成巨大损失的自然灾害。无论哪个国家、哪种气候类型或哪类经济体系，都有可能遭遇自然灾害，只有做好充分的准备、制定好应急方案才能减少损失。此次峰会上，理事会的成员开始讨论：用来降低自然灾害损失的那些理论原则和实践方法在多大程度上可以应用到非自然灾害及风险事件中。理事会的成员与恐怖主义防范、流行病防治及核事故预防等许多领域的专家讨论后一致认为，用于防止自然灾害和减轻灾难损失的原则与方法普遍适用于非自然灾害领域。

本书的主要目的是提高我们识别、管理、应对那些我们感觉不太可能发生、但一旦发生就会对国家甚至世界产生灾难性影响的事件的能力。对于个人来说，一般都会觉得那些概率很低、后果很严重的事件不会发生在自己身上。我们经常认为灾难是“不可能”发生的，或者是“不太可能”发生的。

不管是认为“不可能”还是“不太可能”，危害都很大。因此，主要公共机构的负责人呼吁公众认识并防范人类的这一弱点。

本书作者的经验告诉我们，向公众灌输灾难意识，并培养公众预测灾难事件的能力是非常重要的。同时作者还提出，应充分利用经济等资源和手段鼓励个人、企业及政府部门齐心协力，为减少灾害损失共同采取有效的预防措施。未雨绸缪，有备无患。

为了避免自然与非自然灾害的发生，同时为了降低灾害发生时所带来的损失，决策者可以将本书中给出的原则与方针与本职工作联系起来，将其运用到战略原则的制定和具体方案的实施中。企业家、公共机构领导者及非政府机构的领导者可以按照书中给出的原则来保护各自的组织和机构。未来，风险依然威胁着人类的繁荣。本书提出的基本原则可以帮助决策者和领导者远离灾难、战胜灾难。

克劳斯·施瓦布（Klaus Schwab）
世界经济论坛创始人、执行主席

前 言
FOREWORD

2008 年出版的《世界灾害报告》显示，2007 年全球发生的自然灾害殃及了两亿人口，造成直接经济损失 600 亿美元。2008 年，仅中国汶川地震的经济损失就高达 700 多亿美元。2008—2009 年的全球金融危机，使许多国家蒙受了数百亿美元的巨大损失。如果甲型 H1N1 流感大规模爆发，估计其危害程度将与金融危机相当。

本书以血的教训向那些直接负责灾难管理的决策者发出警告，并向他们提出了应对地震、洪水等自然灾害及金融危机、恐怖活动等人为灾难的对策。

灾难事件发生的概率虽然很低，但后果却非常严重。总结一下在过去的灾难中我们做了哪些工作，没有做哪些工作，我们就可以吸取教训，防止今后发生类似灾难，尽量减少灾难损失。只有对过去发生的自然灾害和人为灾难进行深入研究与反思，才能有效管理当今时代面临的风险。

在美国新奥尔良的卡特里娜飓风灾难中，如果有维护良好的堤坝、周全的撤离方案、合理的土地使用规划以及严格的建筑规范，如果保险公司严格按照风险等级收取保费，并且给采取了降低损失措施的被保险人减免保费的话，灾难的后果就不会那么严重。但实际的结果却是因小失大，当时的救灾费用远远超过了平时采取减灾措施的预算。

在金融危机爆发之前，如果联邦监管机构要求透明交换信用违约记录，如果银行高管坚持把某个季度的高额意外收入摊薄到以后的季度中，如果要求信贷官员必须承担次级贷款风险，不让他们把风险全部转嫁给别人的话，那么我们现在谈的应该是金融市场的整顿问题，而不是信用危机、金融灾难的问题。但实际的结果却是得不偿失，个人的贪婪腐蚀了整个金融体系。

我们都不希望灾难发生在自己身上，而且我们知道自己会低估灾难发生的可能性，所以我们最好提前采取应对措施。从现在起，我们应该在下一场飓风袭击或金融海啸到来之前，时刻不忘风险存在的可能性，并对日后的灾难做好充分的准备。总之，决策者应当记住：低风险并不等于零风险。

本书汇集了顶尖专家学者关于应对自然灾害与其他极端事件的真知灼见，评估了我们已知的决策方法、风险战略和预防措施，针对可能性不大、后果又很严重的极端事件提出了制定风险管理战略的框架和基本原则。

本书的目标读者包括所有有兴趣了解相关知识的人，特别是负责制定减灾战略的专业人士。书中涉及的灾难主要是指那些发生概率低、破坏性强的极端事件，包括大规模自然灾害、金融危机、工业事故、流氓交易、企业破产、瘟疫、恐怖袭击等。政策制定者、风险管理人员、企业高层、直接参与灾难准备、应对和恢复的工作人员，以及保险公司、金融公司、紧急事件应急机构等与防灾减灾有关的政府及非政府组织的决策者都能从本书中获益。

世界经济论坛执行主席 Klaus Schwab 领导发起了全球减灾议程理事会，并对各理事会给予了大力支持，我们深表谢意。世界经济论坛的 Matthias Caton、Martina Gmur、Stephane Oertel、Fiona Paua 和 Sheana Tambourgi 对全球减灾议程理事会给予了特别支持，我们也很感谢。2008 年 11 月，减灾议程理事会的成员在迪拜经过大量讨论，并与其他各理事会交换意见后形成本书，在此我们对本书有所贡献的所有专家表示感谢。

我们还要感谢沃顿风险管理与决策中心的 Carol Heller 女士，从本书的立项到成书，她都给予了细致、全面的指导。沃顿商学院出版社的 Jeanne Glasser、Russ Hall、Steven Kobrin、Timothy C. Moore、Teresa Regan 和 Jovana San Nicolas-Shirley 对本书的出版给予了真切的关怀与帮助，使本书能够在 2010 年世界经济论坛瑞士达沃斯年会上与参会人员见面。我们衷心希望本书中的经验和教训能够为防灾减灾事业作出贡献。

霍华德·昆鲁斯和迈克尔·尤西姆

宾夕法尼亚大学沃顿商学院

2009 年 10 月

目录 CONTENTS

第一章 Chapter One

降低灾难风险的战略与原则

霍华德·昆鲁斯
迈克尔·尤西姆
宾夕法尼亚大学沃顿商学院

概述

本章就如何制定减少低概率、高危害灾难事件所造成损失的战略提出了基本框架和指导原则。该基本框架着重强调了专业风险评估的重要性，以及了解公众如何看待风险的重要性，这两个要点是制定和评估风险管理战略的关键。本章中提出的七项基本原则可以指导决策者制定减少灾难损失的预防措施和有助于灾后恢复的合理方案。

最近十年，自然灾害频发，特别是发展中国家，接连遭受自然灾害的重创。2000 年 2—3 月，热带风暴经过后的莫桑比克发生大规模洪灾，100 多万居民流离失所；2004 年 12 月东南亚海啸吞噬了 28 万人的生命；2008 年 5 月缅甸的纳尔吉斯热带风暴使 14 万人丧生；当月发生在中国四川省汶川县的里氏 7.9 级地震造成近 7 万人死亡，500 万人无家可归。

即使是在发达国家，自然灾害的破坏也很严重。美国在应对自然灾害方面有丰富的经验和充足的资源，但 2004—2005 年的飓风也造成了巨大的损失。2005 年 8 月底路易斯安那州和密西西比州的卡特里娜飓风造成 1 300 人死亡，150 万人被迫撤离，这是美国历史上伤亡最大、撤离人数最多的一场自然灾害，经济损失估计超过 1 500 亿美元。

2008 年，全球遭遇了一场破坏力度不亚于自然灾害的金融灾难。2008 年中期爆发的次贷危机导致美国许多金融公司破产倒闭或业绩下滑，其中不乏大名鼎鼎的业界巨头，如房利美（Fannie Mae）、房地美（Freddie Mac）、雷曼兄弟（Lehman Brothers）和美国国际集团（AIG）。2008 年秋全球股市大崩盘使各地投资者的数万亿美元瞬间蒸发，银根紧缩严重影响了发达国家和新兴经济体的金融体系，造成了 2009 年的世界经济衰退。

本书以经验为基础、以科研为依据，为从事减灾工作的专业人士提出了一些有价值的见解和许多中肯的建议，旨在帮助他们更好地管理与自然及非自然灾害有关的各种风险。书中提出的基本框架强调了在制定风险管理战略过程中，将风险评估与风险感知联系在一起的重要性，书中的一系列指导原则可以帮助决策者降低灾难风险，并在低概率极端事件真正发生时采取有效的应急措施。

分析框架

全面、系统地对自然及非自然灾害的影响进行调查和分析，需要多个学科的介入。工程学和自然科学提供的数据可以描述与灾害破坏程度和相关不确定性有关的风险特征，这就是风险评估。地理学、组织理论、心理学、社会学等社会科学学科可以描述个人、团队、组织和国家感知风险、做出决策的过程，这就是风险感知和选择。经济学家和政策分析人员会考察降低灾难损失的措施和灾后恢复工作的方案，这就是风险管理战略。

风险评估

对特定极端事件发生的可能性及潜在后果进行分析，源于财产保险和自然灾害领域的研究。19 世纪，住宅保险公司都会在办公室的墙上挂一张被保险房屋的区域地图，哪里发生保险事故，就在地图上按上一枚大头针，通过大头针分布的密集程度来管理风险。这种方法虽然原始，但确实有效。直到 20 世纪 60 年代，这种普遍、麻烦、耗时的方法才退出历史舞台，取而代之的是地理信息系统软件和其他数字产品，这些新方法可以处理海量数据，技术含量很高。

无论采用哪种风险评估方法，都离不开四个基本要素：灾害事件、影响范围、重点受灾对象及灾难损失，如图 1—1 所示。第一个要素关注灾害事件的风险。例如，对于地震这种灾害事件，震中位置和震级是关键因素，其他参数也很重要；对于飓风灾害事件，风向和风速是关键。此外，我们还可以用暴力袭击的目标来描述恐怖主义灾害事件，或者用灾难性疾病的传播速度来描述大规模流行性疾病灾害事件，如甲型 H1N1 流感和“非典”。灾害事件也可以是一系列可能发生的情形，例如，2010 年，3 级、4 级、5 级萨非尔-辛普森（Saffir-Simpson）飓风袭击佛罗里达州迈阿密的可能性分别是多少。

图 1—1　风险评估处理模型要素

风险评估处理模型的第二个要素是影响范围，即面临风险的人员、财产和物理环境。要充分描述影响范围，需要对人员及财产的位置、物理维度、建筑物的建筑质量等进行评估。明确了灾害事件、划定了影响范围之后，就可以对模型中的第三个要素进行分析，即锁定最有可能受到危害的建筑和人员，从而计算人员与财产损失。

风险评估处理模型还可以帮助我们统计直接损失和间接损失。直接损失包括伤亡、财务损失、修缮和重建建筑物的成本、恢复服务的成本，以及救援公司的费用。间接损失包括收入来源中断、业绩增长缓慢、学校停课、公司破产、人员撤离和转移等中长期影响所产生的费用和造成的损失。

以上述模型为基础，科学家和工程技术人员又开发了许多相当精确的模型来评估风险，量化每个要素的不确定性程度。在建模及评估的过程中，分析人员尽量减少主观评价，并试图摈弃个人偏见。但由于评估过程仍会掺杂主观因素，因此各路专家有时就某种风险得出的结论大相径庭，各执一词。公众可以听到一个专家说某种风险几乎不存在，大家不用担心，同时又听到另一个专家大声疾呼，提醒人们时刻保持警惕。

不难想象，公众对专家截然相反的意见也有不同的反应。有些人对专家的判断置之不理。有些人对某位专家的预测很感兴趣，因为专家的判断与自己的倾向相吻合。还有一些人会综合各专家的观点，根据大多数预测和判断得出自己的结论。

请考虑下列自然和非自然灾害固有的不确定性：

● 未来一年内日本东京发生 7 级或 7 级以上地震的可能性有多大？地震后的人员伤亡和财产损失分别是多少？地震后，日本、东亚及更大范围地区内有多少商户会停业？

● 欧洲遭遇大规模恐怖主义袭击的概率有多大？恐怖活动造成的人员伤亡和经济损失有多大？

● 未来五年内，非洲爆发流行病的概率有多大？哪种类型的疾病最有可能爆发？在哪里爆发？多长时间内会传播到其他大陆？

● 未来两年内，全球二十大金融机构中有五家倒闭的可能性有多大？倒闭包括破产的情形，例如雷曼兄弟，还包括政府接管，例如苏格兰皇家银行。

● 未来一年内，全球十大保险公司和商业银行的信用等级降低四级的概率是多少？例如从 AAA 级（几乎没有信贷风险）降低到 A1 或 A＋级（如果不发生不可预知的事件即为安全）。

专业分析人员在回答这些问题时，通常需要大量的准确数据来定义事件模型。以第一种情形为例，要确定明年东京发生 7 级或 7 级以上地震的可能性有多大，分析人员需要知道如何定义“东京”（城市市区部分还是整个行政区域内），“未来一年”是指自然年度还是财政年度，“间接损失”都包括哪些项目。分析人员对这类问题通常有不同的反应和考虑，因此他们对相对具体的事件会得出完全不同的预测，结果是公众和决策者无所适从，不知道是否应该对极端事件做准备，也不知道如何准备。

多年来，自然灾害的损失估算一直局限于财产损失和伤亡人数，而且统计期限往往只包括地震或洪水过后的较短时间内，比如几天或几小时。现在，风险评估模型的时间维度已经延伸到几个星期甚至几个月，覆盖范围也扩大到了商业流动性和创伤后应激障碍等领域。随着专家不断扩大损失评估模型的时间和领域覆盖面，损失评估变得越来越复杂，预测也夹杂了越来越多的不确定因素，结果公众和决策者变得更加犹豫，他们对于如何预防和应对灾难变得更加糊涂。

风险感知和选择

风险评估关注灾难的客观损失，例如财务成本，而风险感知则关注与灾难和风险有关的心理状态和情绪反应。研究发现，不管存在什么样的客观条件，风险感知都对行为有着重大影响。

早在20世纪70年代，俄勒冈大学的保罗·斯洛维克（Paul Slovic）、卡内基梅隆大学的巴鲁克·菲施霍夫（Baruch Fischhoff），以及一些研究决策过程的科学家和心理学家就开始研究人们对各种风险的关注和担忧。结果发现，如果人们对某种灾难的知识和经验知之甚少，那么他们就认为这种灾难极其危险，并且特别害怕这种灾难降临到自己头上。尤其是对于一些有可能引发灾害的高科技应用，不了解相关知识的普通民众所感知到的风险比相关领域的专家高得多。

研究人员还发现，普通人对低概率、高损失事件的感觉与专家大相径庭，普通人对灾难的感知在很大程度上影响了他们的决策过程和行为选择。尽管公众与专家对灾难的认识多年来一直存在差异，但专业分析人员几乎从来没有以公众能够理解并接受的方式，将灾害的四个要素及各要素之间的关系普及给公众，他们对这种差异一直视而不见。有时候，专家没有把一些潜在的假设表述清楚，或者没有把复杂的技术问题用简单的方式向公众说明，当不同分析人员得出不同结论的时候，也没有专家站出来向公众解释为什么会出现不同的说法，公众应如何判断。专家很少考虑过公众对灾难事件的感性认识和理性认识。

近几年来，情况有所好转。科学家和工程技术人员越来越关注个人做出应对自然灾害和科技灾难决策时的心理因素。风险专家不再简单地催促政策制定者和组织领导者根据传统的风险评估模型采取相应措施，而是将恐惧、焦虑等明显的人类情绪纳入风险模型的考虑范围。

相关研究成果表明，公众在面对不太可能发生的事件时，一般不愿意深究低概率到底是什么意思。有证据表明，即使相关数据摆在那里，公众也不愿意知道大规模灾难性事件的具体概率。一项调查表明，当决策者面对几项可能存在风险的管理决策时，他们很少会问这些决策产生各种后果的概率分别是多少。研究人员对一定数量的决策者进行了调查，他们把所有调查对象分成两组，向第一组提供与各种决策选择有关的部分信息，结果只有不到 1/4 的决策者要求获得更多信息，没有一个决策者要求查找某项决策出现某种后果的准确概率数据。研究人员向第二组决策者提供了各种决策出现各种后果的详细概率数据，但只有不到 1/5 的人根据数据在各种选择之间做出最终决定。

既然人们不考虑概率数据，那么他们在风险面前是如何做出选择的呢？专家对人们的决策过程进行了大量的研究，结果发现人们对风险的认识依赖于主观判断。对于大规模自然灾害等极端事件，不管专家向公众怎么宣传，人们基本上都根据自己的经验来判断可能面临的风险。如果某个极端事件刚刚发生不久，或者影响很大，人们一般不会考虑同样事件近期再次发生的概率，而是总想着如果类似情况再次发生的话，后果会是什么样子。2001 年 9 月 11 日美国遭受劫机恐怖袭击之后，许多在美国居住的人都拒绝坐飞机，因为他们觉得遭遇劫机而命丧黄泉的可能性很大。但实际上，“9.11”之后当局采取了一系列安全措施，恐怖分子再次劫持飞机的可能性极低。

研究还发现，人们面对低概率、高损失事件的概率范围时，往往只注意概率范围的两头。有些人觉得极端事件肯定会发生，有些人觉得绝对不会发生，很少有人站在中间。对于概率特别低的极端事件，大多数人一般会取概率范围的较小值，认为其不会发生。因此，大多数人不会主动购买与自然灾害有关的保险，也不会花钱采取减少灾害损失的保护措施。大多数人都低估了灾害发生的可能性，同时也低估了灾害的后果，所以他们在制定相关防灾计划时都不太认真。等到灾难确实发生后，人们又开始投入过多的钱来采取防范措施，为再次发生同样的灾害做准备。这是一种恶性循环，因为灾后再采取保护措施已经晚了。加利福尼亚州一项对业主进行的调查显示，只有亲身经历过地震的人才会购买房屋地震保险。当调查人员问业主该地区再次发生地震的可能性有多大时，他们给出了正确的答案：由于该地区地质断层的应力已经减小，所以再次发生地震的可能性比地震发生前低。尽管如此，他们此时还是决定购买房屋地震保险。

风险管理战略

公共机构、私人组织及非营利组织的领导者在制定风险管理战略时，为了尽量减少自然和非自然灾害带来的损失，想参考风险管理研究方面的成果，并考虑影响风险感知和选择的因素。我们从风险管理的研究成果中总结了六项可以帮助领导者提高风险管理水平的要点。

第一，风险预测。由于灾难损失的统计范围已经扩大到长期影响和间接投入，所以预测也更加复杂了。提高预测的准确性对防止灾难的发生和减少灾难发生后的损失都至关重要。例如，如果飞行航线的天气预报更加详细，就可以避免不必要的飞行。如果热带风暴的等级更加准确，就可以适时做出撤离决定。如果可以获得与体制性风险有关的更多、更准确的数据，就不会有那么多几乎不受监管的高杠杆性金融产品悄悄上市。

第二，传达风险信息。人们一般假定自己不会遇到灾难性事件，所以对低概率事件不太在意，他们无限扩大了遇到灾难的时间范围，无限降低了灾难事件发生的概率。例如，假设某公司考虑为一套使用期限为 25 年的生产设备购买防洪保险。如果不告诉公司决策者在未来一年内发生百年一遇洪水的可能性大概为 1%，而是告诉他们在未来 25 年内，发生百年一遇洪水的可能性大于 20%的话，那么决策者很可能会更加慎重地考虑购买保险的问题。①

第三，经济刺激。无论是积极的还是消极的经济刺激因素，都会鼓励个人采取防灾措施。人们处理降低风险成本等相关信息的方式，对他们做出采取防范措施的最终决定会产生重要影响。

这里还要考虑政策的有效性。例如，为居住在密西西比河沿岸已经采取减灾措施的住户降低房屋保险费用的政策是否有效？用经济刺激手段防止孟加拉的村民搬到容易遭受洪水袭击地区的政策是否有效？如果人们只考虑防

① 百年一遇规模的洪水在 25 年时间内至少发生一次的概率为 22%。

灾、减灾措施在未来一两年，而不是未来一二十年内的潜在利益的话，他们可能觉得对防范措施的大量投入不会产生回报。如果人们在评估防范措施时能够考虑更长时间的投入与回报，那么他们就会觉得这笔钱花得值。

也可以利用罚款的手段来鼓励人们采取防范措施，例如对违反建筑标准或某些特殊规定的个人或企业进行罚款。但是相关措施必须到位，必须尽量确保过错方受到惩罚。如果人们觉得被查到的可能性很低，或者即使被查到，代价也很小的话，人们就会认为按照规定采取防范措施不划算，于是选择铤而走险，将相关规章制度抛在一边。

第四，公共领域与私人领域的合作。因为公共、私人及非营利领域都会面临极端事件的风险，因此它们在减灾、防灾方面的利益是一致的。在灾难发生之前，公私领域加强合作，对于建立有效的灾难应急领导机制和制定防灾、减灾战略非常重要。公共领域和私人领域之间的合作关系应当尽早建立。

应当对采取了风险防范措施的个人或组织给予降低保费的优惠政策，以表明采取保护措施会减少灾难带来的损失。当业主对采取防范措施有错误认识，或者低估了发生灾难的概率，他们可能不愿意采取防范措施，即使这些措施的成本效益非常明显。这时可以考虑采取比较灵活的建筑规范来鼓励业主采取相关措施。

第五，再保险等金融工具。保险公司通过再保险，通常可以给投保人带来高于自身资产能力的保障。1992 年佛罗里达州的安德鲁飓风和 1994 年加利福尼亚州北岭市的地震分别给当地造成了巨大损失，由于缺乏再保险，保险公司损失惨重。之后，美国许多金融机构陆续推出了为重大灾害提供保障的巨灾债券。这种新产品利率很高，即使发生大灾大难，投资人也不会损失本金，所以大家可以放心购买。2000 年之后，巨灾债券市场增长迅速。到 2008 年，新发行及延期的巨灾债券规模达到了 27 亿美元。

如果灾难的损失特别巨大，非公共领域不愿意为这样的灾难提供保险服务的话，政府就有必要出面，以保险的形式提供相应保障，确保对公众的生命财产损失提供补偿。例如，1992 年安德鲁飓风之后，许多保险公司宣布它们的保险范围不再包括飓风带来的损失，因此佛罗里达州设立了佛罗里达飓风灾害基金会。1994 年北岭地震后，各保险公司纷纷从保险责任中去掉了地震一项，于是州政府设立了加利福尼亚州地震救助局，为业主提供地震保险。

在为超大规模灾害提供保障时，保费的额度不仅应充分反映风险级别，还应考虑公平性和业主的经济承受能力。对于应当给予特殊照顾的人群，如低收入家庭，应适当补贴。补贴的形式最好不是简单地降低保费，公共机构对低收入家庭的照顾政策更加合适。例如，某洪水高发区内房屋防洪保险的保险费是 2 000 美元，如果有些家庭无力支付，政府可以向这些家庭提供一种相当于保险购物券的票据，这些贫困家庭可以用政府发放的保险券从保险公司购买一定的保障，洪灾发生后，保险公司给这部分家庭发放粮票等购物券，确保贫困家庭在灾后可以得到生活必需品。

第六，可恢复性及可持续性。受灾地区在灾后较短时间内的可恢复性及灾前和灾后发展的可持续性，对于评估灾难损失程度、制定风险管理战略具有重要意义。可恢复性是指企业、家庭或社区通过自身的适应性行为、外界的援助与支持，以及总结灾难教训的过程，尽可能降低灾后潜在损失的能力。自身的适应性行为主要指防灾工作，例如企业可以准备备用发电机，家庭可以安装定量储水设施，社区可以为逃离住所的人员安排应急避难场所。

可恢复性包括利用价格信号鼓励灾前、灾后采取防范措施的能力，例如对采取减灾措施的组织或个人给予保费打折的优惠。此外，可恢复性还包括社区、公司或领导者在灾后处于危险环境或个人处于痛苦情绪的情况下，仍然关注并从事恢复工作的能力。例如，卡特里娜飓风过后，新奥尔良杜兰大学校长等高级管理人员被困校园达四天之久，他们没有食物、没有水电，无法与外界保持正常联系。尽管他们处在极其恶劣的条件中，但他们依然积极参与人员救援，努力维持学校秩序。校长斯科特·S·考恩（Scott S. Cowen）回忆说："被困了四天之后，我有点撑不住了。这个时候我发现眼前一片黑暗，而黑暗的尽头是一丝光亮。于是我选择走出黑暗，朝着那点光亮走去。"在回想当时的经历及个人所处的艰难环境时，考恩说："那场灾难使我们懂得了一个道理，就是即使面对经济或环境危机，我们也要努力完成大学的使命，努力践行我们的办学宗旨。杜兰大学是当地雇员人数最多的单位，飓风灾难告诉我们，重建家园、恢复家乡人民的身心健康是我们义不容辞的责任。”

发达经济体之间的联系日益紧密，而且越来越依赖一些复杂的体系，这些体系很容易受到灾害的影响，尤其是公路、供电系统和互联网等基础设施和服务，很难找到它们的替代物，所以它们在灾后的恢复至关重要。2007 年 7 月，日本西海岸发生了一次地震。虽然震级不高，但一家生产汽车用活塞环的工厂受地震影响被迫停产。由于日本的汽车制造业实行准时制生产（JIT），也就是说各汽车制造企业的零部件存货刚好能够维持近期较短时间内的生产供给，所以丰田、本田等汽车企业也被迫停产。从这个案例可以看出，世界各部分之间的相互依存度和关联度越来越高。研究人员正在寻找如何在这样的背景下，迅速使受灾地区恢复正常的解决办法。例如，有些研究者提出了可以建立只针对供应商、不针对客户的信息交换中心，或者只针对客户、不针对供应商的信息交换中心。

可持续性是指社区在面临灾害威胁时的长期生存能力和自我应对能力。可持续性这个概念，从广义上讲，是指在经济发展过程中，今天所做的决策不应降低今后的生产能力，不应以牺牲过量自然资源为代价，不应破坏生存环境。在自然灾害方面，可持续性指现在的森林管理、露天开采等土地使用政策不应使社区处于更加危险的境地，不应使社区的存续更加依赖外部援助。可持续性强调将防灾、减灾措施纳入宏观经济发展政策中，取缔威胁社区生存安全的行为。

许多发展中国家由于建筑质量较差、土地使用不当、应急反应迟钝、环境污染严重，以及资金有限等原因，特别容易遭受自然灾害的袭击。环境变化大大增加了这些地区遭遇自然灾害的可能性，例如孟加拉，由于地势低洼，很容易受到洪水的侵袭。大多数发展中国家没有像发达国家那样的制定风险管理战略的专门机构。有些特别贫困的地区，自然灾害的间接影响可能还包括地方病泛滥、大规模饥荒以及侵犯人权的现象。例如 2000 年莫桑比克洪水过后，由于个人档案没有备份或没有存入电脑系统，许多人丢失的出生证明、结婚证和地契等重要文件根本没法补办。

指导原则

为了认识、评估并管理与极端事件有关的风险，需要制定相关战略，提高决策者的领导能力，在此过程中，可遵循以下指导原则。这些原则不仅适用于防范和应对自然灾害，还普遍适用于处理恐怖袭击、金融危机、政府瘫痪等其他极端事件。具体指导原则如下：

第一条：充分认识风险评估的重要性及评估结果的不确定性。在制定针对具体风险的管理战略及建立管理该类风险的领导机构时，关键是要对风险事件发生的概率及后果有明确的估计。

假设一家公司正在考虑是否投资 10 万美元为公司财产增加防火保护措施。要想确定是否应该花这笔钱，只有对公司发生火灾的可能性及灾后可能的损失有精确的估计，才能做出明智的决定。如果公司领导得到的数据是公司明年发生火灾的概率是 1%而不是 1‰，而且直接财产损失和间接经济损失可能高达 500 万美元而不是 50 万美元的话，他们很可能会批准这项支出。总之，数据估计得越精确，公司领导越容易对投资做出决定。

第二条：充分认识风险因素的相互关系及相互关系的动态变化。造成极端风险的因素有很多，这些因素之间的关系无时无刻不在变化。对于制定和实施风险管理战略而言，洞察这些因素的变化关系需要清醒的思维和敏锐的观察，因为有些因素并不是显而易见的，它们始终藏在暗处。

1988 年 12 月 21 日，泛美航空公司 103 航班在苏格兰洛克比附近上空爆炸。恐怖分子将一件装有炸弹的行李从马耳他托运到美国，马耳他航空公司的安检程序形同虚设，所以行李顺利上了飞机。等行李到了法兰克福机场，工作人员将这件行李放到了送往泛美航班的行李运输线上。在伦敦希斯罗机场转机时，机场人员又将行李装到了泛美 103 航班上。按照恐怖分子的计划，炸弹应该在大西洋上空 28 000 英尺左右的高度爆炸，但结果却在欧洲上空爆炸了。恐怖分子事先考察了各个机场和航空公司的安检措施，发现各地的安检程序有很大不同，而且都有许多疏漏，这就造成了历史上著名的洛克比空难。

泛美103航班爆炸后，各国当局都加强了行李托运和转运的安全措施。尽管如此，恐怖分子还是在航空公司的安检程序中发现了可乘之机，制造了2001年9月11日的劫机事件。2008年金融危机爆发后，虽然许多国家的监管部门收紧了各自的政策，但制度性风险以新的形式逃过了新的监管措施，再次出现在市场上，给各国金融体系造成了巨大威胁。不确定性的不断变化提醒我们，需要对风险因素持续保持警惕，并针对实时情况，不断更新风险防范措施。

第三条：制定风险管理战略时应了解人们的错误认识。有些人对发生灾难事件的可能性没有正确的认识，有些人只考虑眼前的投入和回报，有些人盲目乐观，觉得自己不会遭遇极端事件，至少在自己的任期内，灾难不会发生在自己管辖的范围内。制定风险管理战略时，要掌握人们的思想偏见与行为习惯，采取补救措施，营造能够消除错误认识、改变错误行为习惯的环境和氛围。

例如，对房屋采取的保护措施，只要房屋还在，这些措施就有作用。但许多人不愿意花钱对自己的房屋采取保护措施，除非他们相信他们的投入会在一两年内得到回报。一般情况下，人们都是在灾难发生之后而不是之前购买保险，而且几年内如果被保险人没有遭遇保险事故、没有从保险公司得到过赔付的话，投保人一般会考虑退保。很少有人认同"保单最好的收益就是没有赔付"这样一条原则。

第四条：认识到灾难对国家和地区政治、文化和社会的长期影响。灾难发生后，受灾地区以外的其他区域或领域也会持续受到影响。公共领域和私人领域的领导者在灾后会考虑制定防灾战略、采取防灾措施。例如2008年中国西南地区发生的大地震强烈刺激了私人捐助，吸引了大批国际救援，改变了中国政府官员对不合格校舍、住宅和办公楼的姑息态度。

第五条：制定全球性战略时应注意跨国风险。大多数灾难没有国界。2004年东南亚海啸波及了11个国家；2008年巴基斯坦地震致使印度边界1 000多人丧生；2008年雷曼兄弟的倒闭以及其他美国银行濒临倒闭的状况，给许多国家的银行带来了灾难性的冲击，从英国到冰岛，从中国到蒙古，全球各大洲无一幸免。

消除或降低自然灾害风险的一个办法是让各国签署减少具体环境风险的国际条约，例如防止全球变暖和大气污染的国际公约。如果有足够多的国家加入条约，则所有国家都有可能获益。但对每一个国家来说，要履行条约规定的义务，必然要付出一定的净成本，因此美国政府以此为由拒绝签署《京都议定书》。如果一个国家知道许多国家都不愿意加入某个国际条约的话，那么什么样的刺激因素会让这个国家心甘情愿地加入并实施这项条约呢？政策制定者和国家领导人怎样才能说服自己的国家加入条约，并设法使其他国家也加入条约呢？

第六条：克服分配不公平，消除灾害影响。不管是天灾还是人祸，都会使低收入人群或病人等已经处在困难之中的人遭受更大的痛苦，使他们的生活雪上加霜。可以以公共政策和私人领域项目的形式制定相应的方案，设法让拥有较多财富的人帮助那些拥有较少资源的不幸的人。

2008 年发生在中国四川省汶川县的大地震，夺去了 6.9 万多人的生命（包括 1.9 万多名学生），27.4 万人受伤，480 万人无家可归。震后，国内、国际救援人员和物资源源不断地涌向灾区。中国政府为灾区的恢复投入了 1 000多亿美元，派出了 5 万多名解放军战士和武警官兵，并接受了韩国、日本、俄罗斯、美国和中国台湾等国家和地区的人道主义援助。与此同时，中国红十字会等许多非政府组织和社会各界人士也纷纷伸出援手，提供救援和重建所需的设备和资金（休斯敦火箭队的姚明捐款 30 多万美元），帮助成千上万的中等收入家庭恢复了正常生活。从这个案例我们不难看出，相关政府机构和类似红十字会这样的非政府组织对受灾群众给予了巨大援助，所以在灾难发生前，建立这样的机构和组织、并保持其正常运作是很有必要的。

第七条：建立防灾、救灾领导机构。凡事预则立，不预则废。最好在低概率、高损失灾难事件发生之前，建立灾难应急指挥机构和处理程序。建立领导机构、加强领导能力是一个长期的过程，需要耗费许多人的时间和精力。从现在起就开始投入，可以说是一个高瞻远瞩、高性价比的措施，可以确保以上六条原则的切实实施。

如果美国的金融机构和监管部门密切关注房地产和金融衍生品市场的动

态，充分认识到体制性风险的危害，并在监管部门建立更加完善的衰退预测机构的话，则 2008 年由体制性风险导致的危机就不会恶化到现在这么严重的程度，银行、保险公司和大批制造业企业也许会躲过一劫，美国等国家和地区的几百万就业岗位也可能会保住。

上述风险管理战略和指导原则主要是为公私领域的决策者制定和实施相关政策提供基本的思路和方向，帮助他们防范低概率、高风险灾害事件的发生，并减轻极端事件所造成的损失。之后的章节将根据自然灾害和人为灾难等各种风险对这些战略和原则进行扩展和延伸，为各个领域的决策者制定减灾措施和灾后恢复方案提供指导和参考。

第二章 Chapter Two

及时采取防灾减灾措施，建立综合风险管理框架

赫尔曼·B·伦纳德(Herman B. “Putch” Leonard)
阿诺德·M·豪伊特 (Arnold M. Howitt)
哈佛大学肯尼迪政府管理学院

概述

本章就如何降低灾后社会损失提出了一个综合分析框架，列举了五类主要措施，其中两类是本章着重强调的内容，即灾难应急反应和应急反应准备工作。灾后，社会往往投入大量资源来救助直接受到灾害影响的个人和社区，很少有人关注灾前的防灾、减灾工作，而灾前的工作可以降低灾难发生的可能性或降低灾难造成的损失。如果在灾前采取适当措施，可以以较低的成本、较少的投入和较快的速度恢复受灾地区。然而事实上，全社会几乎完全忽略了这样的防范措施。如果能够按照本章提出的框架制定一套较为平衡的投入方案，则全社会都将受益。方案的制订和实施越快越好，有关方面应当对各种灾难做出预测，制定防止灾难发生或减轻灾难危害程度的措施，并及时动员一切力量落实所有措施。

大规模社会灾难管理

全社会应如何组织起来为地震、洪水、飓风、工业事故、恐怖袭击等无法预知时间和地点的大规模灾难事件做准备？很明显，这类灾难一旦发生，就意味着紧急情况的出现。紧急情况是指牵涉许多人利益的，其结果有时是在应急反应措施的控制范围之内的，但有时又是完全不确定的，在不采取有效措施的情况下极有可能发生重大损失的紧迫、急切情形。如果事先采取适当措施，可以或多或少地减轻灾难事件导致的后果。后果出现之后，我们就可以立即采取补救措施。如果没有及时、妥当的应急措施，那我们就需要花费很多时间和资源恢复受灾地区。那么，我们应如何调动各种资源来应对紧急情况呢？我们应以哪种最有效的方式及时采取行动呢？我们事先应采取哪些措施才能避免灾难发生后坐以待毙、亡羊补牢的情形？哪些有效、有价值的投入可以在将来发生紧急情况时避免严重后果的出现？

紧急情况发生时经常会出现恐怖、震撼的景象，我们可能会看到轰然倒塌的房屋、血肉横飞的尸体和仓皇逃命的人群。随着灾难的继续，我们的本能反应是救助那些惨遭横祸的同胞。我们会自愿伸出援手，向流离失所的人们敞开家门，或者慷慨解囊，向救灾机构捐款捐物奉献爱心。也许是因为灾害的场景触目惊心，也许是因为灾难的后果牵动着政治家的神经，所以大部分情况下，灾后有关方面做出的反应都比较迅速，目的是尽量减少灾害损失。如果特定级别的某种灾难经常出现，例如荒野火灾、春汛和飓风，那么我们就会对这类灾难做出充分的预测和准备，也就是说，我们会建立应急反应机制，当灾难发生时可以动员有效力量。

我们在讨论如何应对社会灾害①的过程中经常使用“危机管理”和“应急管理”这两个概念，两者所关注的内容和时间段基本相同，都是灾前准备工作和救灾实施工作，其重点是灾难发生前的应急物资和程序等能否充分确保人民群众的生命财产安全，灾难发生后的应急措施能否达到预期的效果。灾难发生后，人民的生命和财产都处于危险境地。应急反应的核心内容是“救援”，即确保生命和财产的安全。为救援的实施所做的准备工作其目的实质上是确保应急反应措施的执行，但应急准备并不是我们在管理不确定灾害事件时能够或应该做的唯一一件事情。事实上，我们需要的是一套综合性的大规模风险管理体系，我们需要寻找、利用各种具有成本效益的机会来降低重大风险事件的负面影响，不能完全把精力仅仅放在应急反应上。

我们应从两个方面扩大防灾、减灾工作的维度，将应急准备的时间段向前后两个方向延伸。一方面，我们在灾后第一时间做出应急反应之后，要将

---

① 这里所说的社会灾害泛指未来不确定的、具有负面影响的、社会必须面对的事件，例如干旱、飓风、洪水、地震、工业事故及恐怖袭击等。社会灾害既包括自然灾害，也包括人为灾害，既包括意外发生的人为灾害，也包括蓄意制造的人为灾害。

工作范围扩展到长期恢复及重建上，另一方面，在灾害发生之前，我们应尽早采取各种措施避免各种灾害事件的发生，即使发生，我们也应尽可能采取各种手段降低灾害损失，或者即使灾害后果很严重，也应尽量确保较快的恢复速度。

下面的内容将围绕霍华德·昆鲁斯和迈克尔·尤西姆在第一章中的讨论展开。他们认为，在面对不确定性灾害时，社会损失源于物质或非物质的、有价值的、容易受损的资产。本章给出的简单框架可以帮助我们系统性地制定干预措施，减少灾害产生的预期净损失。这些干预措施包括改变灾害本身的形式、改善有价值的社会与个人资产的易受损性，以及在灾害发生前后采取预防和补救措施。在此，我们将本章提出的简单框架称为“综合风险管理框架”。在我们看来，综合风险管理框架的提出源于一个简单、直接的社会优化问题：作为社会成员，我们都希望尽可能以最小的成本将灾害损失的预期净现值①降到最低水平。综合风险管理框架在逻辑上符合这一原则。所有社会都面临着一系列的或然性灾害事件。如果我们坐以待毙，那么等到大祸临头的时候，这些灾害事件会在一定时期内或无限期地阻碍社会的发展，导致一部分人甚至全人类福利的下降。② 例如，最近意大利中部发生的大地震，给当地社会福利带来了严重影响：许多人丧命，许多人受伤，有价房产和资产遭到破坏，许多人没有了钱也没有了收入来源（导致地震后消费长期低迷），幸存者没有安全感，担心自己的生命和财产安全。社会生活水平会在地震后持

① “现值”是指未来灾难损失的价值，前提是灾难事件在未来发生。因为我们有能力在现在投资，在未来收益，因此总的来讲，如果同样的灾难事件发生在未来的话，这个灾难事件就显得不那么重要了。我们现在已经为今后的灾难事件做了投资，所以我们对今后灾难损失的预期就会较低。用经济学术语来描述的话，这种情形叫做“贴现”。考虑现值的意思是将未来的资产损失“贴现”到这些资产的当前价值上，以便使在不同阶段发生的所有成本和收益可以直接互相比较。“预期”现值对未来可能发生的资产损失做了进一步的调整，它假设未来会发生灾难性事件，从而对现值做出贴现计算。“净现值”中的“净”表明我们既考虑了预防灾难的投资成本，又考虑了风险事件可能造成的损失金额。因此，“预期净现值”指未来灾害发生的时间和概率以及为降低损失所付出的成本。

② 经济学家用“社会福利”来概括经济和社会的总体情况及社区居民的生活水平与福利状况。一般来说，社会福利与收入相关，但收入本身并不是衡量福利的唯一标准。社会发展水平应包括收入和消费水平、健康状况、安全感等。

续下降。我们可以把灾难造成的总损失视为社会福利持续下降造成的累计损失，损失的具体数额相当于如果没有发生地震，社会福利与地震后社会福利的差额。图 2—1 中的两条曲线描述了发生灾难和没有发生灾难的社会福利状况。如图所示，灾难发生后，社会福利急剧大幅下降，随着时间的推移，又逐渐恢复。图中上面一条实线表示如果没有发生灾难事件社会福利的发展状况，下面的虚线表示发生了灾难事件后社会福利的变化情况，两条曲线之间的区域表示灾难事件导致的社会福利累计损失。

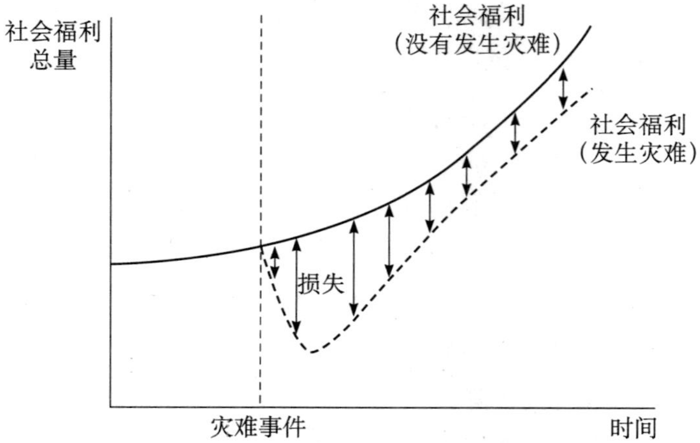

图 2—1　发生灾难与未发生灾难的社会福利总量曲线

我们可以想象一下图 2—1 中描述的灾害是发生在某个重要城市的一次地震。地震过后，由于人员伤亡、财产受损、经济和社会活动停滞，所以受灾地区的社会福利急剧下降。采取了有效的应急和救援措施之后，人员和财产损失得到了控制。再经过一段时间，随着恢复重建工作的展开，福利开始提高。随着时间的推移，整体福利和经济活动水平上升，达到、之后又超过了发生地震之前的水平。但是，如图 2—1 所示，虚线的轨迹永远也追赶不上实线的高度，也就是说，发生灾难后的社会福利永远也达不到不发生灾难的水平。也许，受地震影响，一些公司倒闭或被迫迁址，民众安全感下降，导致他们再也不愿意在受灾区域投资生产性的实体产业。这样的话，受灾区域恐怕永远也无法完全恢复。

当然，灾难发生之后的社会福利虚线轨迹有许多种可能性。图 2—1 中，虚线始终位于实线下方，发生灾害的社会福利始终也赶不上不发生灾害的水平。但还有其他情形，灾后的社会福利也可能会赶上甚至超过不发生灾害的水平。例如，如果灾难将阻碍经济发展的、长期抑制社会福利发展潜力的不适当资本投资，如房产、道路、公用事业等，全部清除掉的话，受灾区域的明天也许会更加美好。如果没有灾害发生，而是生硬地将这部分资产人为地毁坏掉的话，显然没有经济意义。但如果这部分资产在灾害中遭到毁灭，情况就不一样了，因为人们可以以更加有效率的社会投资模式来重建这部分基础设施，将社会福利提高到、然后超过未发生灾害之前的水平。以洛马普列塔地震为例，旧金山码头区沿线有一条高速公路，其中一个路段有一处隆起，地震过后，这个路段被破坏得更加严重，以至于维修成本高得离谱，所以当局决定干脆将这个路段推倒重建。许多人认为这次地震给码头沿线区域带来了振兴的契机。至少在这个例子当中，我们可以看到地震是可以产生一定积极作用的。如果某个区域的社会生产力没有发挥出应有的潜力，则地震可以给这个区域带来宝贵的重建机会，同时，地震造成的损失还可以提醒受灾地区应更加充分地利用当地未受损坏的资产。

灾后的曲线走向有多种可能性，我们对灾难采取干预措施的目的就是以最低的代价让灾后的社会福利曲线向灾前的曲线靠拢，或超过灾前的曲线。很明显，我们采取干预措施，是要尽可能地缩小实线与虚线之间的距离，同时还要考虑付出的成本。例如，如果新奥尔良在卡特里娜飓风灾害之前投入相对较少的资金来加固防洪堤的话，则损失就会减少很多。也就是说，有效的预防措施（即提前花费减灾费用）可以确保新奥尔良的社会福利不会大幅度下降，而且还可以使灾后的曲线靠近灾前曲线，或与灾前曲线重合。面对未来可能发生的灾难，我们现在需要做的是发现那些可以减少损失、加快应急反应和重建速度的机会，以尽可能低的成本采取适当措施，使灾后的社会福利无限接近、甚至超过没有发生灾难时的应有水平。

如何采取干预措施？什么时候、在哪些方面投资才能使投资发挥最大作用？

从逻辑上讲，对预期灾难的干预可以分为三个阶段：第一，灾害发生之前；第二，灾害发生时和灾害发生后的较短时间内；第三，灾害停止后，受灾地区启动重建工作。

1. 预防：我们可以通过预防措施对灾害进行干预，以防止灾害发生，或设法改变灾害的后果。

2. 危机管理与应急反应：我们可以通过灾害危机管理来执行有效的、可以限制灾害破坏程度的应急反应措施。

3. 恢复：我们可以通过重建工作使灾后的社会福利达到未发生灾难时的应有水平。

通过预防措施进行干预

干预的第一时间是在灾难发生之前，我们可以通过改变环境条件来防止灾难的发生，或者减少灾难发生后所造成的损失，从而降低风险事件的社会损失净现值。有些情况下，灾害事件可以完全避免，例如在干旱地区进行人工降雨，就可以避免严重干旱对农业生产的影响。有些情况下，尽管灾害事件无法预防（或者无法有效预防），我们也可以采取干预措施减少灾难真正到来时所造成的损害。例如，目前人类的科技手段还无法（也许永远也无法）预测地震，但我们拥有可以使建筑物抗震的工程技术方法，如果采用科学的抗震结构和适当的建筑材料，地震给人类造成的危害就会大大降低。上文已经提到过，卡特里娜飓风给我们上了一堂生动的实物教学课，让我们懂得了提前采取预防措施的价值。如果我们在灾难发生之前以较低的成本加固防洪堤的话，巨大的洪水很可能不会冲上岸来，众多新奥尔良家庭也不会遭受连续多年的苦难生活。可以说，卡特里娜飓风是美国历史上最大的一场灾难，也是最不应该发生的一场灾难，因为这次风灾所造成的社会福利的下降几乎可以完全避免。卡特里娜以沉痛的代价戏剧性地向我们揭示了这样一个道理：预防是应对灾难的关键，较少的投入就可以大大降低预期的灾难损失。预防是减少灾难损失的第一要务，应提前采取措施尽量降低灾难发生的可能性，或降低灾难确实发生后的破坏程度。

通过危机管理进行干预

社会公众在讨论可能发生的社会灾害时，首先提到的往往是“应急”或

“危机”管理。应急管理或危机管理的意图是在灾难发生后阻止负面后果的进一步扩大，控制损失规模，将人员和财产转移至安全环境。在图 2—1 中，应急管理的作用是减少实线和虚线之间的社会福利差距，使虚线尽快赶上实线。灾害发生时和发生后立即采取的措施一般指“反应”或“救援”，这是危机管理的核心。衡量应急管理的质量通常需要考察灾害持续发生过程中或灾难后果正在迅速蔓延时所采取的对策。危机管理的研究强调决策过程以及在压力较大、充满不确定性因素的情况下对重大利益的把握和对关键策略的实施。危机管理训练的目的是提高危机管理人员处理灾难事件的技能和素质，让他们发现（最好能纠正）决策过程中容易出现的失误或不恰当的习惯性做法。

可以肯定的是，如果能够事先对反应和救援措施进行规划和组织，则效果会更加显著，因此危机管理也将注意力放在灾害发生之前的时间段内，其主要内容也局限在如何提高反应行动的有效性上，包括人员安排、技能培训、设备安置、程序设定、体系建设及组织管理，目的是确保灾后能够采取迅速、可靠、有效的救援行动。

危机管理包含两种降低损失的干预形式。第一种是在灾难发生之前，通过采取有效措施来加强应急反应的能力；第二种是在灾难发生时，做出有效、可靠的应急反应。

通过恢复工作进行干预

灾难过后，尘埃落定，是收拾残局的时候了。轰轰烈烈的紧急救援行动结束后，严重的灾难后果也停下了迅速蔓延的脚步，这时便进入“恢复”阶段。在图 2—1 中，恢复的目的是让受灾后的社会福利虚线尽快返回到实线的位置。一般来说，灾难事件过去一段时间之后所采取的行动与危机管理没有直接关系，恢复工作一般不追究灾难的后果到底是怎么来的，只关注后果的实际状况和最佳的处理办法。例如，在飓风或洪水过后，我们会开始制定灾区的住宅和社区发展规划，在制定这些规划的时候，我们不会考虑某个损毁的建筑物当初是怎么挺住洪水的冲击的，也不会考虑它到底是被水冲成这样，或者被风刮成这样，或者被火烧成这样。我们只考虑这个建筑物还能不能用，如果能用，如何修缮，如果不能用，如何推倒。通常情况下，恢复工作在灾难事件结束或结束一段时间后展开，这个时候应急反应措施已经停止或即将停止，救灾工作进入重建灾区、恢复生产生活的阶段，规划、社区动员等活动由此展开。

以往关于恢复的研究都以灾后阶段的复原和重建为重点。但是，从逻辑的角度讲，灾害没有发生，就不能采取任何恢复工作，是没有道理的。灾害发生之前既然可以为应急反应行动做准备，就应该也可以为恢复重建工作做准备。灾前的应急准备可以确保以更快、更可靠、更有效的方式进行干预，同样，灾前的恢复准备也可以产生同样的效果。重要的是，“灾前恢复”措施与上文所述的“预防”措施不同。预防的目的是消除或减轻灾难的后果，也可以说是降低恢复工作的难度和强度，而灾前恢复措施的目的是使灾后的恢复工作更加迅速、更有效率。

那么，什么样的灾前恢复措施才能发挥作用呢？至少有一点可以确定，如果在灾难发生之前就制定详细的恢复计划，未免太可笑了，因为每一次灾难都不相同，常见灾害的强度也不一样。一场灾难过后，也许有的地方已被夷为平地，邻近的地方却安然无恙。如果在不了解具体受灾位置和破坏程度的情况下就制定详细的重建计划，很容易导致资源的巨大浪费。

不过，在灾前我们确实可以采取一些加速恢复进度的措施。有些准备工作可以达到这样的效果，例如提前制定大方向、大框架性质的总体规划，提前确定灾后需要暂停实行的规章准则（如政府采购规则），或者提前安排灾后的规划审批流程，这些措施都可以实质性地推动恢复工作的进展。另外，提前准备好灾后的财政支出也很重要，这样可以让受灾地区尽快得到所需资源，否则很容易出现资金不到位、恢复工作停滞的状况，特别是在重建工作刚刚启动之后。关于灾后恢复工作的研究还告诉我们，地方政府的领导力水平也很重要，他们的领导力决定了恢复工作能否快速、有效地进行。因此，加强地方政府的领导力建设，开展相关培训，让地方领导体验组织、动员当地民众的经历，可以大大加快恢复工作的进度。例如，旧金山市政府正在制定一项旨在建立、健全灾前恢复体系，并有效提高地震灾害后重建速度的方案，同时还在开发配套的规划、预算、监管和金融方案，这些方案对今后湾区可能发生的地震灾害将产生积极、明显的作用。

要通过更加迅速、可靠的恢复工作来减少未来灾害产生的社会净损失，需要考虑两个不同的阶段。第一是灾后，重建工作应使图 2—1 中的虚线尽快靠近实线，使灾后的社会福利在最短的时间内赶上没有发生灾难时的应有水平。第二是灾前，“提前恢复”措施应该能够在重大灾害发生后，加快重建规划的制定速度，并加快恢复活动的执行进度。

至此，我们已提出三个不同阶段的五种干预形式。如果能够充分采取这些措施的话，灾害损失的预期净现值就会降低。表 2—1 和图 2—2 详细列出了上述五类干预措施，并给出了它们之间的相互关系。这些干预措施蕴涵着一个“综合风险管理框架”。在该框架下，我们可以识别并比较不同的干预形式，还可以寻求各种可能的其他干预方法来进一步丰富这个框架。总之，我们的目的是找到更加具有成本效益的干预手段，即以最低的资源消耗去换取最低的预期损失。我们要利用综合风险管理框架来帮助我们形成一套平衡的、高效的、高投资回报率的防灾减灾行动方案。

表 2—1　为降低灾害事件造成的社会损失净现值所采取措施的形式、时间和预期效果

投入/干预/措施	时间	预期效果
1. 预防	灾前	降低损害程度
2. 制定有效反应预案	灾前	减轻可能发生的损害
3. 制定恢复规划	灾前	加快恢复进度
4. 应急反应	灾害发生时和发生后的较短时间内	减轻正在发生的损害
5. 恢复	灾后	尽快恢复社会福利

如图 2—2 所示，在综合风险管理框架中，我们经常强调的风险管理只是框架中的一小部分。风险管理的重点是应急反应本身，要使应急反应切实发挥作用，就必须关注为应急反应所做的准备。应急反应措施不关注灾难事件的起因、灾前的预防措施、重建工作或灾前为恢复工作所做的努力。因此，要使各个阶段的投入水平达到相对平衡的状态，就需要从两个方向上扩大危机管理的范围。一方面，向前扩展，在预防和灾前恢复阶段寻找机会；另一方面，向后延伸，在应急反应和救援阶段后为灾后重建提供强有力的支持。综合风险管理框架体系要求我们从前后两个方向上扩大这一体系，寻求具有成本效益的手段来减少未来灾害产生的社会损失预期净现值，我们现在应当关注的是制定一套各部分之间较为平衡的组合方案。

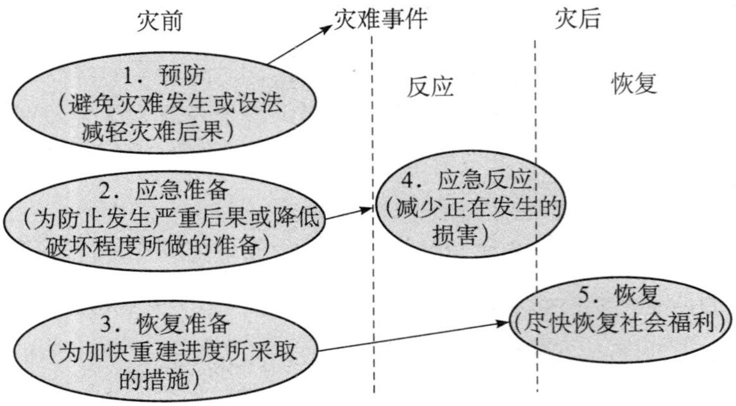

图 2—2 采取防灾减灾措施的不同阶段

各国目前风险管理措施组合的水平与平衡性

看到图 2—2 的综合风险管理框架，人们不禁会问，自己国家目前在各阶段的措施做得如何？各阶段之间的措施是否平衡？我们——世界所有国家和地区——是否为灾难的降临做好了基本的准备工作？有没有形成一套合理、连贯、高效的防灾减灾工作模式？

我们有充分的理由相信，大部分国家对以上问题的回答都是否定的。防灾减灾工作的时间跨度很大，要在各阶段做好充分的准备，并形成一套有效率的工作机制，确实不容易办到，而且现有的体制结构也严重阻碍了各阶段措施的有效整合。目前我们应该完成的一项有价值的工作是，横向扩大框架的范围，并对每类可以采取的措施进行深入分析。

灾前措施的整体水平

从本质上讲，让人们现在对未来可能发生的灾难做投资，是一个艰难的决定。对于大多数决策者来说，当下的投入是直接的、确定的，而未来的收益是或然的、不确定的，究竟什么时候能有收益还很难说。人类和人类组织在这个决定上总是很纠结，如果现在把明显有价值、有用处的资源直接用在未来不确定的收益上，这样的投入是否值得？未来是否发生灾难还不一定，现在的花费今后是否用得上，也很难说，但是眼前要为防灾减灾所投入的资源，确实有更好的用处和收益。霍华德·昆鲁斯和迈克尔·尤西姆在第一章中列举了人类纠结于这一决定的原因，例如，人们一般不愿意用概率去思考问题，大多数人在为自己和自己的组织做决策时，都倾向于只考虑眼前利益。人们在权衡当前的支出和未来可能的减灾效果时，头脑中一般会浮现出今后发生灾难时的情形，而且越想越觉得恐怖，所以许多人干脆不考虑这个问题了。而且，各国的政治战略已经确保了对类似领域——例如国防——的资金投入，同时我们还可以关注一下其他领域，包括疾病预防和气候变化，因此更没有人重视防灾减灾工作了。霍华德·昆鲁斯和迈克尔·尤西姆还列举了社会风险管理的一系列原则，这些原则可以指导我们打破传统惯例，以长远的目光建立应对未来灾难的社会决策机制。本书中讨论具体灾害的许多章节要说明的一个问题是：更好地权衡当前的资源需求与未来的减灾效果在政治上是可行的。目前许多人仍然在研究防灾减灾相关问题，也有许多人一直在寻求政治上的突破，这一事实说明目前对降低未来灾害损失的整体投入水平尚不理想。譬如，尽管利用现有的知识和技术条件还不太可能准确评估我们到底需要投入多少才能避免气候变化，或者避免气候变化所带来的危害，但是绝大多数有识之士认为我们现在做得还远远不够。因此，我们提出了一个比较直观的综合风险管理框架，如图 2—2 所示，我们可以为其增加种类、扩大范围，系统性地比较各类投入的水平，甚至对各类措施进行量化评估，通过各种方法丰富该体系，以切实降低未来灾害损失的预期净现值。

各类减灾措施之间的平衡性

事实上，图 2—2 中所列的五类措施中，有些措施可以吸引到相对较多的投入。相关部门对各类措施的投入不仅不够，而且还很不平衡。为什么会出现投入不平衡的情况呢？其中一个重要原因是有些措施在视觉上和情感上更加直观、更加明显，所以会吸引更多的资源。例如，重灾后的应急反应或救援场景往往触目惊心、撕心裂肺，此时人们会产生一种不惜一切代价救人的情绪，因此所有可用的资源都被调集、动员起来。大灾发生后一般没有别的选择，只能依靠资源的投入，政府和社会会利用所有现有条件帮助灾区恢复正常生产和生活。当人们看到某个受灾地区一片狼藉的情形时，通常都会踊跃提供重建所需的各种资源。灾难发生后，损失就不再是不确定、可能或未来的了，而是千真万确地摆在眼前的事实，我们仿佛可以从满目疮痍的灾区听到求助的呼唤声。不管我们在灾难发生之前对预防措施投入了多少，只要灾难降临，我们就没有选择，只能尽快投入各种所需资源，让灾区恢复或部分恢复正常。因此，图 2—2 中的第四类和第五类措施，即救援和重建部分吸引、支配、消耗了较多资源，在所有阶段的措施中具有较高的权重，造成了相对不平衡的结果。

我们也有理由相信，为应急反应和救援工作所做的准备（图 2—2 中的第二类措施）同样吸引了较多的资源，尤其是在重大灾难发生之后，即为下一次灾难做准备的时候。这是因为人们看到上一次灾难发生后震撼人心的救援情形时，似乎都觉得我们的准备不够充分，我们的救援不够及时。例如火灾过后，人们发现消防车太少，还不能像人们预期的那样迅速到达火灾现场。事后，人们关于火灾救援的讨论异常激烈，情绪激动的受害人及家属经常会质问为什么救援不能再及时一点、规模不能再大一点、效果不能再明显一点？有关方面对此做出的反应是增加应急准备的预算，以便在下一场火灾发生时能有更多的消防车抵达现场。但是一段时间之后，严重的火灾没有了，人们关于上一次灾难的惨痛记忆变得模糊起来，于是公众对防灾措施的政治要求也没那么强烈了，维持相关投入的政治利益不再明显，结果导致预算下调，进入下一个防灾周期，直到大灾再次出现，政府才会重新关注防灾事务。对灾难预防措施的投入过多还是过少，在一定程度上取决于人们所处的灾难周期。大灾之后，一般投入较多，随着时间的推移，投入可能逐渐减少。对应急准备的投入力度基本上由对日后需求的预期和对救援场面的心理反应程度决定。

相比之下，图 2—2 中的第一类和第三类措施所获得的投入显得有些可怜，预防措施和灾前恢复准备活动几乎无人问津，因为这部分投入是直接、确定的，而收益却是相当不确定的，包括取得收益的时间和效果都似乎是虚无缥缈的事情。而且，在下一次灾难发生时，即使预防和灾前恢复准备活动发挥了一定的作用，也很难看见或衡量。人们很难察觉到预防带来的好处，也很少审视预防发挥的作用。对防灾和提前恢复的需求实质上是一个抽象概念。相反，对应急反应准备的需求却是非常具体的，对灾后重建的需求更是显而易见。这是救援和重建比预防和灾前恢复准备获得更多关注的次要原因。其主要原因是，灾难发生后，救援和重建迫在眉睫，许多人在呻吟，许多人在呼唤，如果这个时候还不加大力度采取措施的话，后果会非常严重。所以最后，投入到救援和重建中的资源可能是灾害发生之前投入到防灾和灾前恢复准备的许多倍。

体制上的突破

在全社会形成一个有效率的防灾减灾工作体系存在另一个难点：许多国家的中央政府将实施各类防灾减灾措施的职责分配到了多个部门的头上，而且经常让不同级别的政府部门落实相关责任，职能比较分散，所以不太容易考核各部门的落实情况，甚至想给整个防灾减灾体系画一张职责分工的图表都很困难。

以美国应对洪水灾害的体制为例。负责洪水防控，即预防并减轻洪水造成的危害的机构是美国国防部下属的陆军工兵部队及各州和地方政府的相关部门。这一分工从一开始就带来了许多复杂的问题。美国政府的结构有许多层级，洪水一般是大规模自然灾害，会影响许多行政管辖区域，而且控制洪水的最佳地点也许是离洪水泛滥区域上游几百公里以外的行政区域，这就很容易造成各部门之间相互推卸责任的现象。应急反应的准备工作，即规划、组织和实施应急反应的职能部门，在联邦政府级别上是海岸警卫队和联邦应急管理局，后者还负责动员许多其他机构，包括受灾地区以外的工程承包商、各州和地方政府部门；在州政府级别上是国民警卫队和其他部门；在地方政府级别上是警察局和消防局。至于灾前恢复工作，几乎没有部署，没有哪个部门有这方面的职责。灾后恢复工作由联邦应急管理局、住房与城市发展部以及州和地方政府的相关部门负责。

从体制的角度看，综合风险管理框架提出的各种干预措施需要由各级政府、多个行政区域的多个部门负责。要想将所有相关部门的所有职责及实施情况汇集到一张图表上是一件很麻烦的事情。而洪水只是多种常见灾难中的一种，其他自然和人为灾难的负责机制还不尽相同。社会各界人士的期望是为每一种灾害建立一套综合性的平衡防控措施投入机制，但复杂的体制结构阻碍了对现有投入情况的检查和审视，也制约了更加有效率的减灾战略与实施方案的形成。

目前的问题可以总结如下。第一，综合风险管理框架内的各类措施相互独立，没有连续性。第二，我们在救援和重建上的投入太多，所以我们应该回过头来想一想哪些预防措施真正有效。第三，由于我们事先没有建立必要的或有效的快速恢复方案，所以灾后恢复进展缓慢，造成了更大的社会损失。

目前的状况很可能导致资源投入和分配效率低下，所以我们需要建立一套综合风险管理框架体系来指导我们的防灾、救灾和减灾工作。如果没有这套体系，我们的工作可能会毫无头绪，没有重点，无法形成合力效应。有了这个框架，我们的考虑就会更加全面，对各方面的投入也会更加平衡，投入的平均收益也会提高。

再以美国西南部的荒野火灾管理为例。20 世纪，在容易失火的生态系统中频繁发生荒野火灾，有关方面采取了一系列防控措施，但效果却不尽如人意，人们的努力反而使荒野大火燃烧得更猛烈，造成了更大的损失。过去，荒野火灾的风险管理有一套标准的程序，人们也对灭火技术的改进投入了不少人力和物力。荒野地区的火灾有时非常严重，大风咆哮着将六十多米高的火焰高速推向有人居住的地方，然后熊熊烈火将房屋和物品烧成灰烬，而且经常还能看见烧焦的尸体。看到这样的惨状，人们便呼吁要加大对灭火措施的投入。结果，有些投入产生了积极的作用，但有些技术和措施导致大量挥发性燃料沉积在荒野地区，成为了严重的火灾隐患，这些挥发性物质会使火灾更加频繁、更加猛烈。此时，全国普遍推行的土地使用政策是允许房地产开发商在火灾易发地区建设住宅。实际上，这条政策的出台是决策者目光短浅的表现，因为他们天真地以为自己的灭火技术已经足以控制荒野大火了。之后，在荒地深处，出现了许多家庭的第二套住宅，悲剧由此开始：灭火的成本越来越高，财产的损失越来越大，平民和消防人员的伤亡人数不断攀升。相关政策和投入非但没有降低未来灾难的损失，反而整体性地增加了火灾损失，降低了未来社会福利的预期轨迹。

如何利用本章提出的综合风险管理框架来帮助我们更加明智地安排各项投入呢？关键是要对各类措施给予同等程度的关注，包括预防、救援和重建。在荒野火灾的案例中，如果我们横向观察综合风险管理框架，就会清晰地发现，我们在应急救援和应急救援准备上投入了大量资源，而且在恢复工作上也被迫投入了大量资源，但是在其他领域的投入却非常有限。预防方面，我们可以通过土地使用政策阻止易受大火吞噬的、具有较高价值的房产修建在火灾易发区域，可以对房产密集区域内堆积的易燃物进行处理，还可以在荒野地区内的建筑物周围采取阻燃措施。此外，我们还应为灾后恢复做好准备，以便以较低的成本重建家园。只要我们能够平衡考虑综合风险管理框架体系中的各个部分，就可以实质性地减少未来灾难的预期社会损失。

有人不禁要问，什么样的机构可以进行跨部门、跨等级、跨区域的分析和决策呢？这一问题让我们想起了自从 20 世纪 60 年代就开始建设的综合性预算分析体系。例如，约翰·肯尼迪政府时期推行的规划、计划与预算系统，该系统最初在国防部试行，后来在整个联邦政府内推广。规划、计划与预算系统并没有取得预期的效果，一部分原因是即使只对国防部的主要计划进行分析，该系统得出的结论也很难让高层做出正确的决策并付诸实施，分析出的“最佳”方案经常在五角大楼内上演的国防部与白宫之间以及白宫与国会之间的激烈政治辩论中被淹没。目前同样存在着类似情况，美国负责国家安全的各个机构似乎更加复杂。

虽然在正式做出决定之前很难完成非常全面的分析过程，但这并不能成为我们不进行综合、系统性思考的理由。我们在考虑防灾、减灾措施时，还是应该对方案进行认真、深入、全面的分析。以国家安全为例，一种行之有效的分析方法是给各个“虚拟”国家安全部门的绩效和权重打分，包括某个行政管辖区域内的部门和某个跨部门、跨区域和跨级别的综合机构。进行全面、综合、缜密的分析之后，应将结果公之于众，这样可以形成良好的公众舆论，即使该分析得出的结论在最终的政治决策过程中没能坚持到最后，也会在一定程度上限制政治家的决策。体制上的限制还会继续存在，但公众舆论将会逐渐转向。

一万年太久，只争朝夕

综合风险管理框架可以帮助我们寻找更多降低灾害损失的有效途径，但这只是万里长征的第一步，要想彻底解决灾难给人类带来的困扰或者大幅度降低灾难的预期损失，还有很长的路要走。在找到相应的对策之前，全社会首先需要锁定值得调查与研究的灾害类型。此外，除了寻求解决灾害问题的战略和方法之外，还需要用实践来检验这些战略和方法。综合风险管理框架的建立和充实只是组织和动员社会各界力量应对灾难这一庞大系统工程的一部分。灾难的损失，以及防灾减灾的益处，都在未来显现，我们现在还有准备的时间。但到底在多远的未来才会发生灾难，我们不得而知，所以我们最好抓紧时间采取防灾措施。一万年太久，只争朝夕。

面对未来可能发生的灾难，我们现在怎样做才符合及时性的要求呢？首先，我们要认识灾难，对灾难本身有了全面的了解之后，才能研究对策。如果无法预测、或者没有成功预测到灾难的来临，我们就不能采取非常有针对性的防范措施。其次，认清灾难的本质后，我们必须寻求以较低代价减少灾害影响的途径和手段。上文描述的综合风险管理框架可以给我们一些启示，帮助我们寻求各种有效的战略，评估各类措施的作用，最终降低未来灾害的损失。最后，在我们发现或者通过理论研究得出能够减少预期灾害损失的战略方法后，我们必须考虑如何获得所需资源来实施这些方案。图 2—3 列举了我们现在就可以开始着手的工作，并按时间顺序将这些工作分为三个阶段。第一阶段是可见性，这一阶段需要解决的问题是：我们能够彻底认识灾难吗？第二阶段是可能性，这一阶段需要解决的问题是：我们能找到可以有效降低预期损失的、具有成本效益的途径吗？第三阶段是可行性，这一阶段需要解决的问题是：我们能动员机构和人员为防灾减灾工作采取行动或投入资源吗？我们只有一步一步地成功解决上述问题，才能及时地应对未来的灾难。否则，等到大难临头的时候，我们就只能以缺乏针对性、系统性的准备工作来处理灾难带来的后果。有了充分、及时的准备，我们就可以将灾难的社会损失降到最低程度。

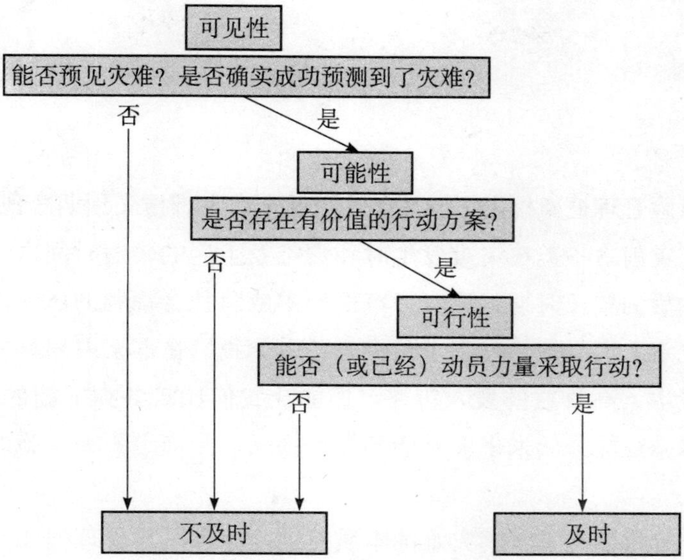

图 2—3　有关及时性的简单分析

再以上文中讨论的荒野火灾管理为例。在这个案例中，灾害的的确确是可见的。利用综合风险管理框架，我们可以找到更多合理、平衡的防控策略，包括优化土地使用政策、降低荒野易燃物覆盖量、精简低风险地区的应急反应力量、在火灾频发地区建立灾后快速恢复机制等。综合风险管理框架能够帮助我们寻找到更多机会，使实施防灾行动成为可能。至此，对于及时性来说，剩下的唯一问题就是动员当地社区落实已经找到的、更加平衡、更加合理的火灾防控策略。这是政治问题，是决策者是否愿意采取行动的问题，事实证明，要解决这个问题异常艰难。但是，有一些社区已经开始行动起来。例如，在加利福尼亚州的温图拉郡，公共荒地上的易燃物已被清理，当地政府还颁布并实施相关法令，要求居民必须将自家周围区域清理干净，形成“防御工事”，这些举措大大降低了荒野火灾的受灾家庭数量（与邻近地区相比）。温图拉郡为个人和社区树立了成功的榜样，这一案例说明动员社会力量是可以实现的。动员是一个复杂的问题，涉及风险感知与评估（如第一章所述），需要找到能够共同摒弃短浅政治目光的机制，还需要设法让决策者产生实施的意愿。后面的章节将围绕如何及时防范社会灾害展开论述，讨论如何解决可见性、可能性和可行性的问题。

结论

综合风险管理框架提出了五类能够降低未来灾难损失预期净现值的措施，其中三类在灾前，一类在灾难发生时和灾难发生后的较短时间内，还有一类在灾难发生后的较长时期。认真考察框架中威胁社会福利的风险因素，可以帮助我们制定一套平衡的灾害干预措施，引导我们在框架内列举的五类措施中寻找低成本、高收益的投入策略，还能让我们比较各类措施的投入比重，确定哪类措施最能降低未来灾难的预期净损失，并确定哪种措施的投资回报最为明显。

但是，如果事先不考察灾难的本质特征，综合风险管理框架所列举的各项风险管理工作就无法展开。同时，如果不切实执行从框架内发现的低成本、高收益措施，框架也会失去作用。

时不我待。我们现在就应该开始研究干预灾害的方法、制定干预措施并及时落实干预措施，这就要求我们从各个方面丰富综合风险管理框架的内容。第一，我们要认清灾难的本质和特征，以便进一步研究降低灾难危害程度的方法。第二，利用综合风险管理框架开发干预渠道，测定哪些手段能够以最低的资源消耗获得最佳的减灾效果。第三，动员政府和社会的力量，让决策者产生相关意愿，主动投入现有和未来资源去减少未来可能发生的灾难所产生的预期净损失。

第三章 Chapter Three

极端天气事件风险的预报与发布

杰夫·洛夫(Geoff Love)
米歇尔·雅罗(Michel Jarraud)
世界气象组织

概述

本章分析了为极端水文气象事件提供公共预报和警报服务的专业人士所使用的方法，指出所有预报都存在不同程度的不确定性，并描述了气象学家总结出的一套不确定性表述规则。我们平常所听到的天气预报在表达不确定性时所使用的限定词一般都符合世界气象组织提出的原则。在气候分析与预测方面，政府间气候变化专门委员会建立了一个表达不确定性的框架，为相关决策者提供一般定性评估和定量评估结果。在天气预报和气象信息中，经常省略对受影响地区的安全性评估。本章提出了将受影响地区的风险与不确定性评估结果纳入气象预报服务的思路和方法，以便各类决策者在决策过程中可以更好地利用水文气象信息，降低极端天气事件的潜在风险。

简介

风险管理一般考虑两个要素：灾难事件的可能性和预期的影响。本章主要探索应如何准确描述水文气象极端事件（包括干旱、洪水、热带气旋、森林大火、龙卷风、热浪等）的可能性和影响的不确定性。目前的各种技术手段使我们有条件对极端事件发生的可能性做出客观的评估，但是极端事件所产生影响的不确定性很难量化，且极端事件的风险是其可能性和影响的乘积，所以风险评估结论的不确定性在一定程度上无法彻底解决。国家气象和水文部门面对的挑战是如何以适当的方式表述这些不确定性，使公众和社区领导者能够将不确定性信息纳入风险评估的考量过程中，及时做出低成本、高效益的决策，正确管理极端天气、气候和水文事件产生的风险。

风险的概念

风险这一概念已被广泛接受，它包含的两个要素都与不确定性有关。首先，风险的概念与事件有关，这个事件尚未发生，但人们认为它在未来某个时间段内发生的可能性不为零（概率）。由于未来的所有事件在一定程度上都是不确定的，所以风险概念的这一要素引入了不确定因素。其次，风险的概念与事件的预期影响有关。由于无法精确描述事件将要影响的系统的当前状态（事件发生的时间不能确定，所以系统的状态也不能确定），同时，事件与系统的互动情形也无法精确描述，所以事件的预期影响也具有不确定因素。

因此，特定事件的风险是事件发生的可能性（概率）与事件可能产生的影响的乘积，即：

风险＝事件发生的概率×事件可能产生的影响

如果用图形来描述的话，事件发生的风险可以用“风险空间”来表示，图3—1描述了三种事件的风险空间。在这个风险空间内，有A、B、C三个阴影部分，分别表示对每一事件不确定性的估计，阴影部分的边界线表示置信区间，阴影部分边界线的位置可以描述极端天气事件发生概率和产生影响的不确定性。

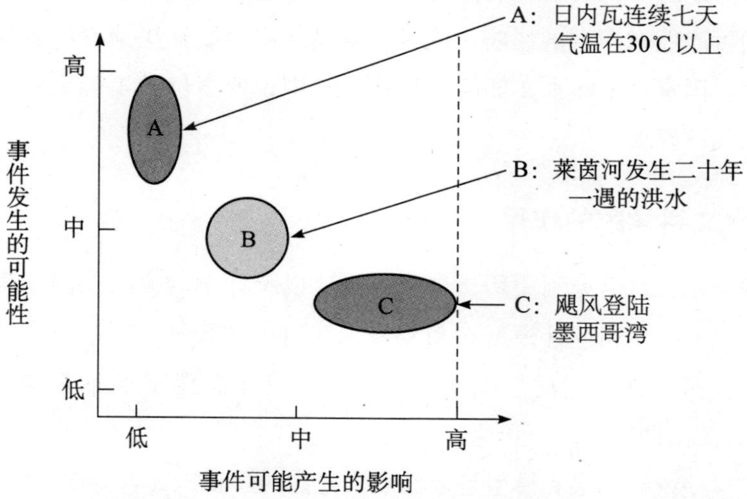

图3—1　风险管理成果图形示例（阴影部分表示风险的两个要素的不确定性）

图3—1中的阴影A描述的是某年日内瓦出现持续高温天气的风险。这样的天气事件时有发生，可能会影响公共交通，增加能源需求。该事件产生的影响相对较低，如果未来气候没有变化的话，对瑞士近150年来的气象数

据进行统计分析就很容易计算出该类天气事件发生的可能性。

图 3—1 中的阴影 B 描述的是某年莱茵河发生二十年一遇洪水的风险。通过对以往洪水的分析，就可以为二十年一遇的洪水设定一个洪水等级，同时还能比较准确地估测出发生概率和影响。但是，蓄水量水平的变化和土地使用用途的变化会影响洪水发生的可能性和影响，从而增加事件的不确定性。

图 3—1 中的阴影 C 描述的是某年飓风登陆墨西哥湾海岸 100 公里处的风险。飓风可以在一天中的任意时间登陆，可能是白天，也可能是夜里，而且预警程序能发挥多大作用不太清楚，所以飓风登陆造成的影响很难估计。另外，飓风登陆的时间每年都不相同，再加上气候变化的因素，所以根据气象学的历史数据预测飓风登陆的概率很成问题。

与风险评估相关的第二个重要概念是风险管理。世界的每一个角落都有可能遭遇极端气象、气候或水文事件。极端天气事件会带来什么程度的后果，是酿成大灾还是只是带来不便，主要取决于领导者的风险管理决策。各国气象和水文部门的专家面临的一项重要任务是为决策者提供全面、有用的信息，决策者需要了解与极端天气事件有关的所有信息，这些信息需要能够反映事件发生的可能性和预期的影响，同时，信息的内容要让决策者能看懂、能理解。因此，国家气象和水文部门必须在信息中说明事件的不确定性，并满足决策者的阅读要求。

气象与水文科学家的作用

气象与水文科学家利用历史气象数据、以统计学的方法预测未来事件的可能性。他们还使用统计模型来预测未来某时极端天气、气候或水文事件发生的可能性和可能产生的影响，他们使用的统计模型建立在基本物理定律（特别是有关流体的定律）和他们对 150 年来自然系统行为研究成果的深刻理解之上。这些统计结果和模型是预测不确定性的必要工具，为图 3—1 中风险评估的事件发生的可能性（纵轴）提供依据。气象和水文科学家的专业知识主要用来评估风险空间的纵向维度。

图 3—1 中风险空间的横轴表示事件可能产生的影响，横轴的判定与纵轴不同。由于自然界系统与人类建立的基础设施之间会产生程度不同的相互作

用，所以极端天气、气候或水文事件对人类基础设施的影响很难确定。例如，防洪堤能否抵御洪水的冲力，热浪是否会使铁轨变形，暴风雪降临或过后，当局能否及时清理路面上的积雪，二十年一遇的洪水能否冲垮某座桥梁，对这些问题，气象或水文学家们很难给出答案。同样，对于极端天气事件究竟会给受灾地区带来怎样的影响，这一问题也超出了自然科学的范畴。例如学校停课、企业停产、职工失业等问题，需要自然科学家与工程师、土地使用规划人员、社会科学家和所有掌握与自然灾害影响有关知识的专业人员通力合作，才能确保科学界做出的风险评估和不确定性描述符合决策者的参考要求。

评估气候风险、描述气候不确定性

对于亚热带气候和中纬度气候的国家来说，气象和水文部门的一项重要任务是评估高温天气（热浪）持续存在的风险。2003 年，西欧的热浪在不同地区的不同期间内持续出现。例如，8 月 4 日，法国巴黎的最高气温超过27℃大约一天之后，当地老年人的死亡人数急剧上升到峰值，直到 8 月 14 日气温下降，老年人的死亡人数才有所回落，因为老年人是最不耐热的群体（见图 3—2）。热浪还导致地中海国家火灾事故上升、大面积农田受损。这一现象说明这些国家适应较为凉爽的天气，不适应长期高温天气。

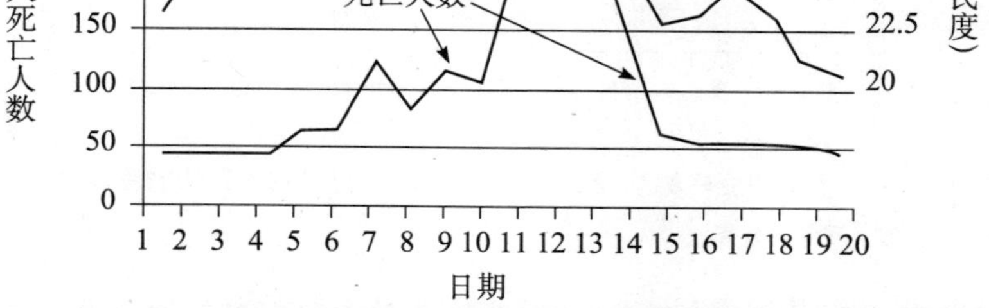

图 3—2　2003 年 8 月中上旬法国巴黎的最高气温与每日老年人死亡人数

2008 年 3 月，澳大利亚南澳首府阿德莱德经历了一次持续 15 天的高温天气事件，每天的气温都在 35℃以上，如图 3—3 所示。此前，现代仪器观测到的 35℃以上持续高温天气的最长纪录是 8 天。由于全球性和区域性的天气预报模型发挥了重要作用，所以澳大利亚气象局预测到了这次持续 15 天的高温天气事件，当地媒体在新闻中告诉居民，说这只是异常天气情况，请大家做好相关准备。澳大利亚气象局从历史数据中计算出阿德莱德连续 8 天气温在 35℃以上的情况平均每 10 年出现一次，并且 8 天已经是最长的高温持续时间。他们将预测到的 15 天持续高温放在历史数据中进行统计，计算出阿德莱德将出现一次 3 000 年一遇的极端天气事件。媒体大量报道了这条信息，这次高温天气事件也成为了当地人热议的话题。热浪侵入阿德莱德后，当地能源公司提高了电力供应能力，以满足空调的运行，室外体育活动全部取消，供水能力也大大加强。此外，当地社区还采取了许多行动来减少热浪对生活的影响。

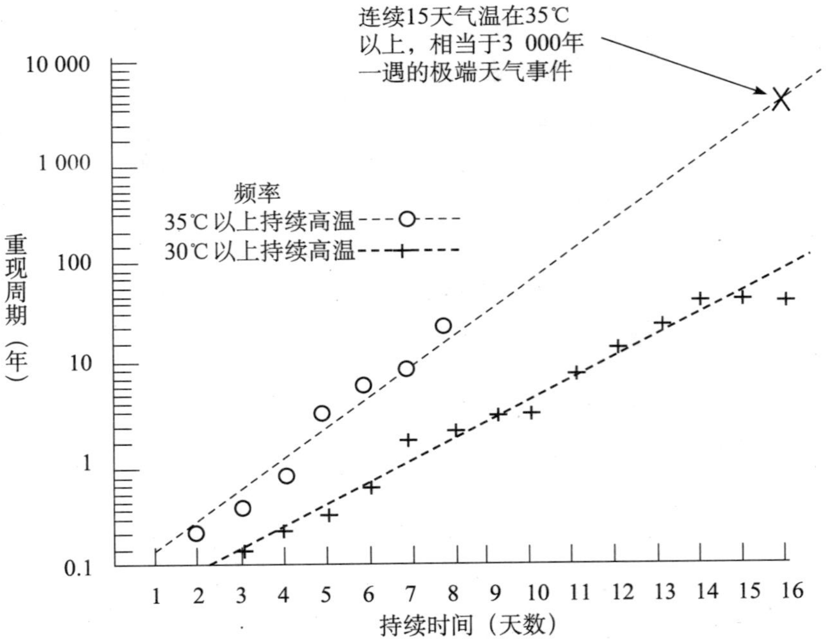

图 3—3 澳大利亚阿德莱德 30℃和 35℃以上持续高温天气的重现周期

资料来源：澳大利亚气象局。

与阿德莱德的热浪类似，2003 年西欧的夏季似乎也十分异常，是有现代气象数据记录以来最热的一个夏天。2000 年之前的 136 年间，瑞士夏季的气温（即巴塞尔、伯尔尼、日内瓦和苏黎世的平均气温）在 15℃～20℃之间，平均气温约为 17℃。而 2003 年夏季的平均气温超过了 22℃，比 136 年的样本均值高出 5.4 个标准差。

在某些科学领域（如水文学），与样本中其他数据相差很大的数据点（异常值）有时会被删除。删除异常值的理由有时可以这样解释：在测定某个已知常数值（如光速）的实验中，所有数据点都围绕一个值分布，只有一两个例外，如果计算平均值时将这一两个有缺陷的数据点考虑在内的话，会降低测定值的准确性。这一判断有以下两个假设前提：

1. 实验使用了适当的技术和程序，且出现了导致异常值产生的严重错误；
2. 要测定的参数确定不是变量。

2003 年夏季，在瑞士或西欧的温度测量值没有出现重大偏差，且两地的夏季平均气温肯定也不是恒定值。所以很明显，在预测瑞士 2003 年以后某个夏季的平均气温时，不应删除 2003 年出现的异常值。根据历史数据样本做出的统计结果很难预测到 2003 年的持续高温天气，其主要原因是全球性的气候变化。

2003 年瑞士和西欧出现的持续高温天气是有现代气象记录以来最严重的一次，这也就意味着用来评估极端事件风险的统计方法可能会给出不正确的概率估计值。此时，应考虑将统计方法与考虑了气候变化因素的地理气候系统模型结合在一起，通过深入研究模型的气候学特征，推论出气候变化对极端天气事件气候特征的具体影响。

政府间气候变化专门委员会规定了一套描述不确定性的术语，并对气候变化风险评估的每一个方面进行了综合分析。

政府间气候变化专门委员会术语

政府间气候变化专门委员会使用下列术语表示某个后果或结果出现的可能性：

几乎确定：发生的概率大于 99%

很可能：90%～99%

可能：66%～90%

不一定：33%～66%

不可能：10%～33%

非常不可能：1%～10%

几乎不可能：小于1%

下列术语用来表述陈述不确定性的信心：

非常有信心：至少90%的正确率

很有信心：大约80%

较有信心：大约50%（一半）

没多少信心：大约20%

非常没信心：小于10%

政府间气候变化专门委员会第一工作组的第四份评估报告从全球和区域视野考察了气候变化产生极端天气事件的可能性和事件可能产生的影响，并使用多种方法评估了未来全球变暖的风险以及极端天气事件和其他天气事件在气象学上可能发生的变化。表3—1摘自第一工作组的评估报告，这份报告对评估结果进行了总结。表中使用了像“很可能”这样的日常用语来表述可能的程度，使习惯于定量分析的科学家和习惯于定性分析的决策者都能看懂。

表3—1　近期趋势、对人类影响该种趋势的能力的评估，以及极端天气预测

趋势的现象和动向	20世纪晚期（主要是20世纪60年代后）出现这种趋势的可能性	人类能够改变观察到的趋势的可能性	根据政府间气候变化专门委员会《排放情况特别报告》对21世纪的预测来推断未来趋势的可能性
在大部分陆地地区，白天和夜晚更加频繁地出现温度更高的炎热天气	很可能	可能（夜晚）	几乎确定
热浪出现在大部分陆地地区的频率增加	可能	不是不可能	很可能

续前表

趋势的现象和动向	**20 世纪晚期（主要是 20 世纪 60 年代后）出现这种趋势的可能性**	**人类能够改变观察到的趋势的可能性**	**根据政府间气候变化专门委员会《排放情况特别报告》对 21 世纪的预测来推断未来趋势的可能性**
受干旱影响的地区增加	20 世纪 70 年代以后在许多地区有可能	不是不可能	可能
强烈热带气旋活动加剧	20 世纪 70 年代以后在某些地区有可能	不是不可能	可能

资料来源：政府间气候变化专门委员会。

政府间气候变化专门委员会第二工作组研究了气候变化产生的影响（图 3—1 中的横轴）。以表 3—1 中的热浪为例，出现更多热浪的可能性在 90％～99％之间，热浪一旦出现，对当地会产生巨大影响，造成重大损失。政府间气候变化专门委员会第二工作组还仔细研究了容易受气候变化影响的各个方面（图 3—1 中的纵轴）。第二工作组的报告列举了热浪出现频率增加所产生的一系列有害影响，并将他们对热浪危害的判断的信心水平定为“中等”，意思是他们所陈述的热浪导致的危害，出现的可能性在 3/10 到 7/10 之间。上述两个判断可以用二维风险空间描述，以图形的形式为决策者提供更加直观的信息（见图 3—4）。

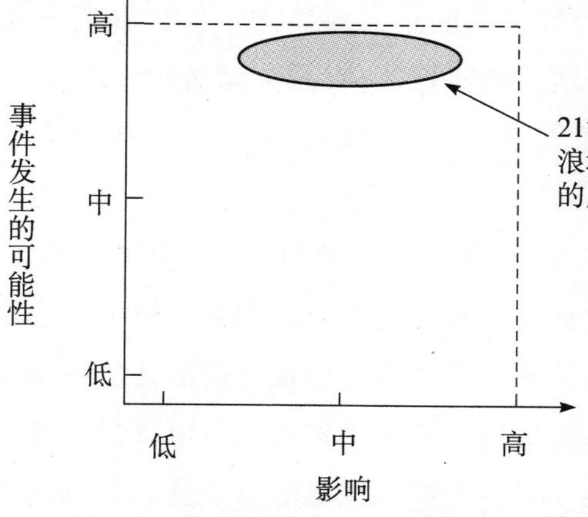

图 3—4　21 世纪中后叶热浪可能增多的风险空间

能否将全球变暖所导致的全球性、区域性和局部性气候变化用一系列风险空间图完整、形象地表述出来，还存在争议。上文提到，政府间气候变化专门委员会第一工作组用简单的语言来描述与气候变化相关的天气事件的不确定性量化值，为风险空间图的纵轴提供信息。第二工作组分析了极端天气事件对人类社会和生物系统的影响，并对影响程度的不确定性进行量化处理，为风险空间图的横轴提供信息。但政府间气候变化专门委员会没有用视觉语言描述极端天气事件的风险空间。图 3—4 根据政府间气候变化专门委员会第一和第二工作组的报告，对热浪的风险空间进行了图形化表述。如果为某个国家或地区所有可能发生的灾难事件及其影响画一张类似图 3—1 似的风险空间图，就可以清楚地看到哪种灾难事件最有可能发生，哪种灾难事件带来的影响最严重，从而为决策者提供参考，在资源准备上有所侧重，以减轻灾难产生的影响。

评估极端天气事件的风险，描述其不确定性

国家气象水文部门的职责是持续地、不间断地评估威胁其所服务国家的极端天气、气候和水文事件的可能性，用基于统计学和模型的分析与预测结果来评估由一系列极端天气事件引发的风灾、水灾和火灾产生的威胁。国家气象水文部门保持对天气事件的全天候监测，包括可能引发灾害的所有事件，所以气象水文部门应该是国家防灾减灾系统的一个组成部分，其职责是向决策者提供各种天气事件的风险评估结果，并在风险增加时及时通知或警告。

通知或警告的时间应由灾害事件的类型和事件所处的具体发展阶段决定。以龙卷风为例，龙卷风的形成几天前就可以预测到，但可以在确认其已经形成并明确其轨迹之后，在其到达具体袭击位置之前的几分钟至一小时内发布警告。再以影响林区或郊区居民的森林火灾为例，可以提前几小时或几天发布预警。如果是热带气旋，可以提前几天提醒可能受到影响的地区，并提前 24 小时向可能受灾的区域发出警告。

预报的空间尺度是增加不确定性的一个因素。我们可以比较以下两种说法：第一，热带气旋将在 24 小时后袭击佛罗里达西海岸；第二，气旋将袭击以坦帕市为中心的 160 公里长的海岸线。从定性分析的角度讲，第一种说法的不确定性低于第二种。一般来说，全球不确定性（例如，一年当中热带气旋的数量一般是 80 个）低于地区不确定性（例如，某年影响墨西哥湾的热带气旋数量），而地区不确定性低于局部不确定性（例如，某年影响坦帕市的热带气旋数量）。虽然全球性预报是最确定的，但坦帕市的应急管理人员不会关心一年中热带气旋的具体数量，他们更关注以坦帕市为中心的 160 公里长的海岸线直接遭遇热带气旋的可能性，所以地方有关当局的决策者面临的不确定性最高。要做到有效预防，地方政府负责应急管理的人员需要依赖国家气象和水文部门的预报和预警。

极端天气事件的预警可以通过多种渠道传播，包括传统媒体（报纸、广播、电视）、互联网及手机。不同渠道的媒体需要不同形式的信息，如电视需要活动的画面，互联网需要静态图片、统计数据等，广播不太需要技术分析数据，而需要充分的定性分析结论，使听众自己评估面临的风险。通过寻呼机发送的预报和通过手机发送的短信内容应简洁明了，让受众自行决定是应立即进一步获取详细信息，还是可以置之不理。总之，对极端天气事件不确定性的描述应视传播媒介而定。

现在的天气预报越来越多地使用精确的天气预报模型来描述各尺度空间范围内的天气形势变化，包括几百公里范围内的全球尺度、几十公里范围内的地区尺度和一公里甚至更小范围内的局部尺度。同时，预报员在预报天气时还经常补充相关气象常识，如某些天气和水文事件对局部地区的影响。这些天气预报员与媒体评论员、应急管理专家和决策者保持联系，帮助他们解释警报的含义或提醒他们注意每个极端天气事件的特殊性，因为每个极端天气事件都有区别于另一事件的地方，所以昨天的应急反应计划可能不适用于今天的情况。

政府部门中，对天气实施全天候监测的机构很少，国家气象和水文部门便是其中之一。该部门与媒体和应急管理机构保持密切的联系，其灾害威胁报告和预警通常代表其他政府部门发布的权威信息，包括负责管理道路、森林火灾、洪水等的中央和地方政府机构。在一些国家中，气象和水文部门资源短缺，或不具备有效的多种灾害预警能力，所以极端天气事件在这些国家很容易酿成悲剧。世界气象组织与各国气象和水文部门通过密切合作来提高如热带气旋、森林火灾、洪水等极端天气和水文现象的预警能力。

热带气旋：风险与不确定性

对于国家气象与水文部门来说，对热带气旋的预测也许是最成熟的早期预警系统。一般来说，地球上热带地区的天气相对温和，冬季有温暖、干燥的信风，夏季有湿润的季风，季风偶尔会带来较强的阵雨或雷暴。但是，这种宜人的气候时常受到毁灭性热带气旋的干扰，热带气旋给热带地区带来强风和大潮，容易给滨海地区造成严重的生命财产损失。

一些处于热带地区的国家具有完善的降低灾害风险的战略措施，这些国家采取各种措施来减小热带气旋引起的灾害风险。

首先，根据极端天气事件的历史记录，国家气象和水文部门已经熟练掌握了与国民、应急反应机构和社区领导者沟通的方法，知道应如何向不同的人传达气候风险分析结果。

其次，国家气象和水文部门可以获得气象观测的全部数据，包括在陆地上目测的结果以及监测热带海洋的雷达和卫星影像。要想有效利用这些数据，国家气象和水文部门的专业人员必须接受基本的气象学教育、利用统计模型系统得出的数据对天气情况进行判断的特殊培训，以及使用现代数据同化技术与预报员支持系统的相关训练。此外，专业人员还需要掌握数据处理和发布设备的使用，以便能够评估输入的数据流、生成预警信息、并以适当的方式向所有需要这些信息的人传播预报结果。最后，国家气象和水文部门需要积极参与世界气象组织协调的地区性热带气旋委员会的会议和活动。达到以上三条标准，国家气象和水文部门就有能力向公众提供类似图3—5显示的数据和信息。图3—5（A）显示了可能会受到热带气旋影响的地区，图3—5（B）中的实时数据可以让公众“确认”他们收到的预报和警告。

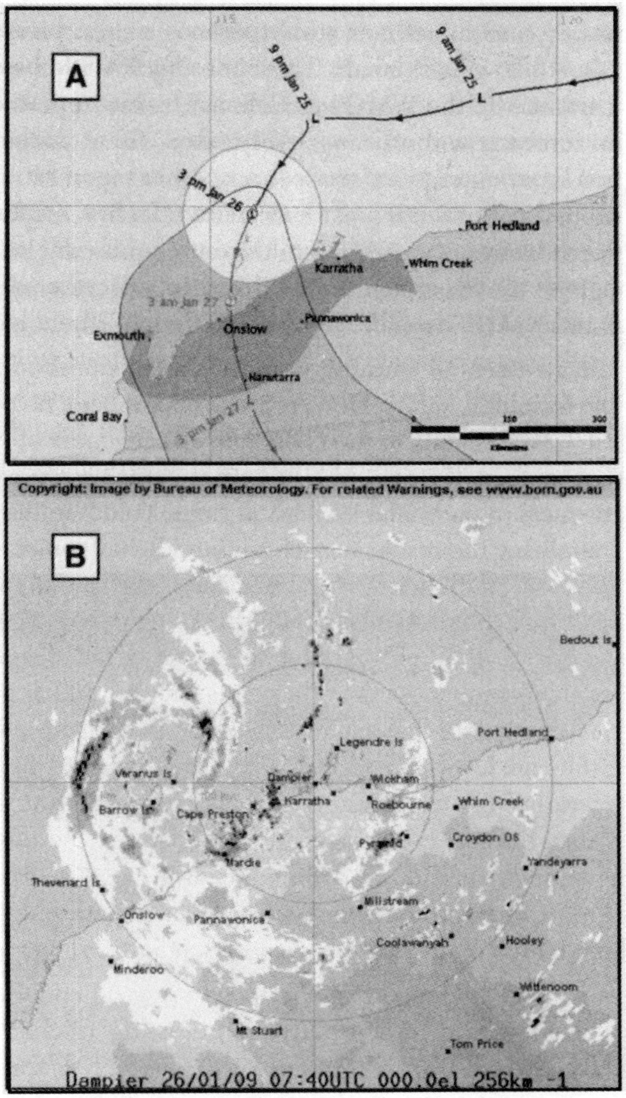

图 3—5　(A) 描述热带气旋多米尼克的半径轨迹图
(B) 附近海岸雷达站在同一时间的雷达影像

资料来源：澳大利亚气象局。

根据热带气旋的监测结果可以发布建议性信息。随着风险的上升，可以向受到威胁的地区发布警告。建议和警告可以是图形信息（重点是受威胁区域的范围）、文字信息（描述灾害的技术性数据）或听觉信息（如发布警告后拉响警笛）。这些信息应符合世界气象组织将不确定性纳入预报和警告的一般原则。通常，警告的内容还包括应急管理机构和其他组织提醒受威胁地区做好有效准备工作的信息。国家气象和水文部门应在整个天气事件的过程中向社区持续发布信息，警报解除后，信息发布应重新回到原来的状态和水平。

预警系统的有效性是公共安全负责人面临的一个主要问题，但是迄今为止，各个国家还没有就多种灾害预警系统的经济有效性形成一致的评估结果，从相关文献中只能查到某个地区对某种灾害预警系统有效性的评估。总结各项研究的成果后可以发现，当社区成员被问及是否理解当地的天气预警系统时，绝大多数人表示他们知道当地气象部门有这样的系统，也明白这类系统的意义。但当社区居民被进一步问及有关预警系统的详细问题时，只有少数人清楚发布的预警类型和在哪种情况下应该发布哪种类型的预警信息。这一研究结果表明，国家和国际媒体对天气灾害的大量报道，如美国的卡特里娜飓风、缅甸的纳尔吉斯热带气旋和澳大利亚的丛林大火，提高了社区居民对预警系统的认知度，但在公共教育方面和使用统一标准评估有效性方面还有大量工作要做。

有明显的迹象表明，气象学界一直在逐步提高热带气旋轨迹预测的水平，这一点可以从准确预报未来某时热带气旋到达地点的能力看出，以图 3—6 为例，大多数正在建设热带气旋预警系统的国家都有类似的数据。可以通过简单的预警战略分析来量化预测准确性的提高所带来的益处。我们假设一个登陆的热带气旋会给方圆 100 英里（160 公里）范围内的地区带来具有破坏性的强风。图 3—6 中 1990 年的预测误差显示，美国国家气象局在热带气旋登陆前 48 小时做出的气旋登陆位置预报为 200 英里（320 公里）海岸线范围，所以，考虑到强风的波及区域和登陆地点的不确定性，预警信息的合理范围为 300 英里（480 公里）。2007 年，科学技术经过 17 年的发展之后，48 小时的热带气旋轨迹预报误差已经缩小到了 80 英里（108 公里），所以，使用相同方法得出的预警信息覆盖 80 英里的登陆范围和 100 英里的强风波及区域（即 180 英里，268 公里）。不过，在实际情况中，预警信息所要考虑的因素比这个简化的示例复杂得多，预警策略必须考虑所有不确定因素，包括可能受灾的地区、受威胁地区的地形地貌、由于先前降水所导致的洪水增量等。

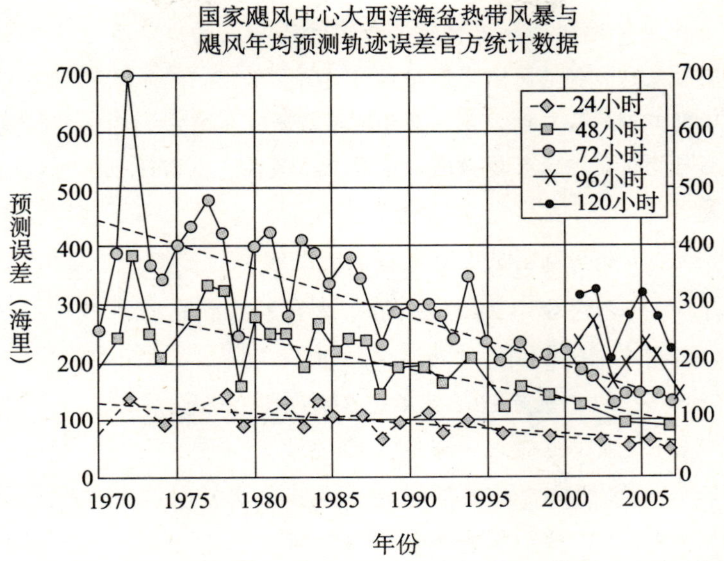

图 3—6　1970—2007 年美国国家飓风中心大西洋海盆热带气旋年均预测轨迹误差

资料来源：国家海洋与大气局。

澳大利亚气象局西澳分局

媒体：要求昂斯洛及附近地区的发布员在发布以下预警信息时使用标准紧急警报信号。

最优先立即发布

热带气旋通知（11 号）

2009 年 1 月 26 日星期一下午 3：50 发布

现在向从威姆克里克至埃克斯茅斯的沿海地区，包括皮尔巴拉西部的临近内陆地区，发布气旋警报。

下午 3 点，热带气旋多米尼克（等级 1）到达昂斯洛东北偏北 175 公里、卡拉萨西北偏西 150 公里处，目前正以每小时 15 公里的速度向西南偏南方向移动。

热带气旋多米尼克正在向皮尔巴拉西部海岸移动。今天下午或夜间，沿海地区可能出现大风，最强阵风可达每小时 120 公里。热带气旋可能会在夜间在埃克斯茅斯与卡拉萨之间登陆皮尔巴拉西部海岸，最有可能在昂斯洛附近地区登陆。

热带气旋经过地区会出现极强阵风，最高风速达每小时 120 公里。但是，所有警报区域都有可能出现一段时间的大风。

热带气旋到达海岸时，埃克斯茅斯至威姆克里克之间的海潮可能会超过正常最高标记值，海水可能会灌入沿海低洼地区。沿海及临近的内陆部分可能出现暴雨。

- 下午 3：00 热带气旋多米尼克详细信息：
- 中心位置位于……南纬 20.1 度、东经 115.6 度
- 位置精确度……46 公里内
- 动向……以每小时 15 公里的速度向西南偏南移动
- 中心附近阵风风速……每小时 120 公里
- 强烈等级……1
- 中心压力……987 百帕

国家消防和紧急事务管理局西澳紧急事务局发布以下警报信息：

黄色警报：昂斯洛及周边居民和临近内陆地区的居民应采取应对措施。

蓝色警报：罗伯恩、威克汉姆、萨姆森角、卡拉萨、丹皮尔、帕纳沃尼卡、纳纽塔拉等地及周边居民和临近内陆地区的居民应做好防范工作。

1 月 26 日星期一下午 7：00 将发布下一次通知。

拨打 1300 659 210 可获得热带气旋通知和西澳紧急事务局向居民发布的警报。

访问 www.bom.gov.au/weather/cyclone 可查看热带气旋的移动轨迹。

我们再来看图 3—6 中的误差。如果 1990 年和 2007 年的热带气旋警报都需要撤离的话，则 2007 年需要撤离的人数比 1990 年减少了大约 58%（假设人口沿海岸线平均分布）。当然，在大部分沿海地区，受到热带气旋威胁的人口数量一直在增加，所以经过了 17 年后，可以避免撤离的人口数量减少幅度在 58%以上。

要了解提高预警水平的经济性，就需要比较 17 年来投入到相关科研项目中的成本和在人员撤离上所降低的成本。这个比较超出了本章的论述范围，所以只在此提出一些有用的参考数据。由于人口密度不同、撤离所使用的交通工具不同（汽车、火车等），所以撤离的成本相差很大。在美国，许多专家经常使用的一个数字是每 1 英里（约 1.6 公里）海岸线的撤离费用为 100 万

美元。但需要注意的是，根据风暴的具体强度和相应的应急管理政策，北卡罗来纳州沿海城镇遭遇飓风时的撤离成本在 100 万～5 000 万美元之间不等。这样的撤离成本经过平均之后，远远低于每 1 英里海岸线 100 万美元。对于受灾地区的家庭来说，需要承担许多与撤离相关的费用，而这笔开支不会出现在政府的统计数据之内，包括减少的工作时间、开车往返避难所的燃油费、撤离期间的食宿费等。虽然很难权衡加大科研投入、缩小预警范围的得与失，但许多国家目前都在政治判断上达成了共识，认为增加对预警系统的投入是明智的选择。

热带气旋轨迹预测能力的提高源于两个方面：

- 随着海岸雷达网络的建设和实时卫星画面技术的提高，热带气旋的定位误差稳步减小。如果能够精确定位热带气旋的初始位置，就能更加准确地预测其移动轨迹。
- 全球最先进天气中心的数字天气预测系统的计算能力越来越强，并且技术人员对预测系统的科学理解逐步加深，所以预测甚至分解热带气旋的能力也在提高。

在世界气象组织的协调与支持下，各国气象和水文部门可以免费查阅气象观测全球数据库，并可查询先进气象中心预测模型的预测结果。协助世界各国充分利用各种可以获得的数据和工具，尽早对极端天气事件发出警报，是世界气象组织的一项使命。世界各大气象中心的预报越来越准确，让其他国家共享天气预报数据，可以使社区居民和领导者有更加强烈的意愿对国家气象和水文部门发布的通知和警报迅速做出反应。

森林火灾：风险与不确定性

全球许多亚热带地区经常遭遇严重的森林火灾。经过一段较长时间的干燥、高温天气后，如果风力较大、气温仍然居高不下且空气相对湿度较低的话，草地和林地很容易失火，而且火势往往难以控制。在冷锋缓解热浪天气之前，森林火灾时有发生。冷锋到来之前的气团经常会产生雷暴，但雷暴天气没有或只有少量降雨，频繁的闪电和雷击会点燃干燥的植物，引发森林火灾。

容易发生森林火灾的国家其气象和水文部门的一个主要职责是发布森林火险等级预报。受森林火灾威胁的地区一般在农村或郊区，有些房屋建在郊外，业主既可以享受田园的宁静，又可以享受城市的魅力。例如，分布在澳大利亚全境、美国西海岸和地中海沿岸的大量社区都属于城郊易受森林火灾影响的地区。失去控制的森林大火还会烧毁国家公园内的植被。

国家气象和水文部门在发布火灾警报时，一般都与若干直接负责森林管理或防火的政府部门保持密切合作。不管政府有怎样的具体安排，气象和水文部门都会向面临危险情况的社区居民和领导者发出通知，当危险情况严重到要求公开发布警报的临界线时，气象和水文部门会通知所有相关部门。各国的气象和水文部门都与媒体和应急管理机构联系紧密，所以一般是媒体或应急管理机构发布并传播火险警报，警报的内容包括气象数据、燃料装载注意事项、受影响地区、撤离指南等信息。

澳大利亚气象局西澳分局

火险警报

2009 年 1 月 25 日星期日下午 3：45 发布

星期一以下地区有森林火险：中西部内陆地区、中部小麦种植带、大南区东部及东南沿海地区。

中西部内陆地区、中部小麦种植带、大南区东部及东南沿海地区的大风和高温天气预计将导致“极端危险”的火险等级。

消防和紧急事务管理局

所有居民应采取防范措施确保生命和财产安全。警报期间严禁露天明火活动，包括使用固体燃料的户外烧烤活动。

地方当局应考虑在警报期间禁止收割或禁止使用交通工具出行。

火警电话 000。

结论

风险评估是提供极端水文气象事件公共预报服务的专业人士的一项主要

任务。过去，评估工作在很大程度上依靠专业人员的从业经验做出职业判断。随着评估技术的不断进步，公众对公共决策透明度和责任制的要求日益强烈，人们需要更加科学、正式、有记录的评估过程。要判断极端天气事件对某个系统或地区产生的具体影响，自然科学家无法独立完成，他们需要与相关学科的专家学者合作，共同评估极端天气事件对经济和社会可能产生的影响。

必须注意的是，所有的预报都带有一定程度的不确定性，气象学家总结出了一套表述不确定性的方法。天气预报员一直使用限定语或修饰语来描述不确定性。在气候分析与预测领域，政府间气候变化专门委员会提出了一个表述不确定性的框架，该框架既可以做出一般定性评估结论，又可以针对具体决策者的需要做出定量分析结论。世界气象组织在天气预报方面提出了大量的指导性意见，使公众能够正确理解预报中的不确定性。

目前，关键的问题是确保负责预报极端水文、气象事件的工作者和需要参考预报信息进行决策的工作者能够完全掌握风险及不确定性的含义。在洪水、天气或气候警报中，一项经常缺失的内容是对受威胁地区是否容易受灾的评估。因此，非常有必要进一步扩大风险与不确定性的评测范围，使各部门的决策者可以更好地利用预报和警报信息，尽量降低局部灾害的风险水平。

第四章 Chapter Four

认知局限与行为偏差

肖恩·克利里(Seán Cleary)
巴门尼德思维研究中心

概述

本章讨论影响我们正确认识产生自然灾害的复杂原因的认知局限与行为偏差。在实践中，个人行为与公共政策经常导致不良后果。尽管传统经济理论告诉我们应根据成本与收益信息做出理性决策，但当我们面对导致自然灾害的复杂系统的相互作用时，我们无法做出理性判断，因为我们获得的信息太少。同时，我们还依靠信仰、感觉、已有的知识结构以主观态度评估风险。公共政策制定者必须提供必要的公共物品来保障社会福利，还应设法激励个人和私人组织参与降低灾害风险的行动，但政策制定者也存在认知上的局限。要克服认知局限、改变不良行为习惯，我们必须意识到自己思维与行为的局限性，加深自己和社会对灾难的认识。

简介

发达国家的大部分公民都不愿意容忍风险的存在，他们希望自己能被保护起来，永远免受灾难的袭击。虽然这是不可能实现的，但期望会影响政策；影响的结果有时是积极的，但更多时候会带来负面效果。

民众与政策制定者在面对自然灾害风险时可能都没有做出正确的反应。许多个人行为和公共政策都产生了不良后果，个人行为如“搭便车”，公共政策如以法令形式将保费降到风险临界水平以下来扩大保险的覆盖范围。例如，有些保险公司由于保费收入过低，发生保险事故后无力赔偿，所以不得不退出市场，致使财产所有人失去了应有的保障。

认知局限和行为偏差不仅反映在自然灾害领域。最近的一项研究证明："促进公共健康与福利的政策经常以失败告终，或者使本来要解决的问题变得更加复杂。政策制定者应该以事实为依据，避免无效政策的推行，但他们在某些复杂系统方面的知识较为薄弱，相关信息的更新速度也很缓慢。"

传统的经济学理论告诉我们，合理的决策要以相关信息为基础。面对不确定结果时，经济决策者会考虑各种可能结果发生的概率，最后选择最有可能使收益最大化的那个方案。这种决策思维的前提是，风险与收益之间具有对称性，投资者厌恶风险，且投资者在决策时有足够的参考信息。

当我们面对引起某些自然灾害的复杂、系统性相互作用时，我们没有足够的参考信息。每个人对风险的评估都是主观的，同时个人信仰、感觉、观念还会影响我们感知世界的结果和计算风险与收益的方式。

政府的一项职责是保护公民安全，提供必要的社会公共福利。此外，政府还鼓励个人和企业协助有关部门共同降低灾害风险。许多研究人员，包括本书的一些作者，对政府、企业和个人在防灾减灾中的作用进行了分析，并给出了如何形成社会合力的相关建议。

许多文献都认为经济理性原则是正确的，并根据博弈理论的案例来证明其正确性。但是，在考察居住在易被洪水淹没的平地、地震带或容易遭受飓风或台风袭击的沿海地带居民的个人行为时，研究人员发现博弈论模型无法帮助我们应对无效的决策，这些决策的制定者对复杂系统之间的相互作用知之甚少。简单的模型也无法模拟产生极端天气事件的气候系统或生态系统的千变万化。另外，不同文化背景的人在面对不确定情形时都会有许多选择，面对多种选择，他们将做出怎样的取舍，决策者无法预测，也无法归纳不同人的选择结果。

将分析、决策和执行扩展到更大范围时，会产生许多复杂的问题。在国家层面做出正确决策的难度就在于如何处理这些复杂问题。

我们要想给出更好的建议，就必须清楚认知局限和行为偏差的存在，它们干扰我们掌握复杂系统的运作，阻碍我们正确评价复杂系统带来的风险，并影响我们对风险做出理性的反应。

思考复杂系统

思维模式

首先，我们需要反思支撑人类思想与行为的思维模式。

思维模式具有特殊性（个性）、文化性和规律性（例如数学推理）。思维模式由三个要素构成：范式、推理方法和启发。范式即理论框架，推理方法是解决问题的方式或手段，启发指一种或多种帮助有效搜索的指向性解决办法。

科学的历史充满了各种范式。例如，在物理学领域，人们最为熟悉的莫过于20世纪初从牛顿力学范式向相对论和量子理论范式的过渡。19世纪以来一直支撑西方政治的理性现世人文主义世界观就是一种思维模式，这种理性选择理论认为，任何事物都由范式定义，任何事物都包含指向性的推理方法，且任何事物都具有很强的启发性，即可以通过多个角度进行探索和分析。

实验心理学和行为经济学的洞见

不是所有的思维模式都是理性的，实际上，许多都不是理性的！卡尼曼（Kahneman）和特维斯基（Tversky）的行为经济学实验测试了人们在评估形势和做出决策时的行为方式。他们发现，人们的行为基本凭直觉，掌握的信息不多，也没有适当筛选，决策时很少参考相关信息。为什么会这样呢？

宇宙和生态系统中复杂的系统间相互作用以及人类社会和心理的复杂性远远超出了我们理解能力的极限。1957年，赫伯特·西蒙（Herbert Simon）提出了“有限理性”原则，并以此获得1978年的诺贝尔奖：

> 人类阐述或解决复杂问题的能力非常渺小，因为复杂问题的解决需要真实世界中客观理性的行为，或者合理接近客观理性的行为，而人类根本做不到客观理性。

我们的思维与行为有哪些局限性?

从进化的角度讲，人类大脑的最主要功能是在受到威胁的情况下迅速做出决策，但前提是大脑必须具有处理复杂相互作用关系的能力。在危急时刻求生需要迅速判断刚刚发生的或不确定的事件，并对事件做出有效的反应。肾上腺素反应就是一个简单的例子，当我们意识到受到威胁时，肾上腺素会给予我们搏斗、逃跑或装死的能力。

人类的“工作存储器”很小，即瞬时记住或处理信息的能力很弱，著名的“7 加或减 2”试验证明了如果不经过培训的话，普通人瞬时记忆的容量只有 7 个项目。人类还无法同时处理四个以上相互关联的变量。

此外，在人类语言中，每个句子的各个成分都要按照预定的顺序排列，这样别人才能理解我们要表达的思想。这种模式迫使我们以不适当的线性词语描述复杂的非线性系统关系。

这些限制条件抑制我们理解、判断、评估复杂问题和系统的能力，于是产生了曲解的情况，典型的例证包括：

● **单一因果假设**：我们经常以为一个事件有一个原因：A→B；B←A。在复杂系统中，这几乎是完全错误的，但这种误导行为、造成非意愿性结果的想法非常普遍。清除阿富汗的塔利班政权，或取代伊拉克的萨达姆·侯赛因，就会有安全和稳定，这明显是错误的想法。创造稳定的社会需要的远远不仅是“政权变更”。事实上，这两个国家的激进分子面对美国的军事干预，开展了针对“西方”的“防御圣战”。

● **想当然**：每个负责制定政策的人，或代表他人进行活动的人，在工作中总会带有主观看法，这些主观看法源自个人的经历和领悟。以下两个结果值得注意：

无意识框架：定义问题的方式，即使用什么样的概念框架，决定了要搜寻或忽略哪些信息，并决定了最后选择哪些信息来填充分析问题的概念框架。同时，概念框架还决定了我们对所选取信息的解释或理解方向。政治领域的两个常见例子可以说明这一点：如果资源或时间有限的话，政府领导人在决定哪些问题需要优先解决的时候，会使用国内政治相关度作为思考框架。由于国家领导人首先要对国内的选民负责，所以几乎没有哪个国家的领导人会首先考虑全球存在的普遍问题，例如二氧化碳排放对全球气候变化的影响。他们一般都首先考虑具有明显政治色彩的问题，例如抑制国内油价。

将一个国家定义为“支持恐怖主义的国家”所用的思路大致是：首先声明自己是出于国家安全考虑，然后试图封闭外交途径，之后鼓励情报人员寻找能够证明该国支持恐怖主义的证据，最后再引导分析人员寻求确认该国为支持恐怖主义国家的方法。这种思路，或者说这个思维框架还可以用来证明其他事情。1979 年，美国将伊拉克等四个国家纳入支持恐怖主义国家名单，指责伊拉克为四个恐怖组织提供基地，并对伊实施了制裁。1982 年两伊战争期间，美国将伊拉克从支持恐怖主义国家名单中删除，目的是向伊拉克提供武器，帮助美国对付伊朗。1990 年，伊拉克入侵科威特，美国又将其列为支持恐怖主义的国家。2004 年 9 月 25 日，美国再次将其从名单中删除。

根深蒂固的偏见：每个人都有自己的态度、信仰、偏好、成见（有意或无意的），这些是出生后的个人经历形成的。这些观念和想法潜移默化地影响着我们对每一件事情及其发生的背景的看法，我们将情感与态度上的偏见带到所有事物中。以“世界环保主义者”为例，根据个人的背景和经历，不同的人对这个称谓有不同的印象。有的人听到这个称谓后，想到的可能是一个“有责任心的、关心地球未来的人”，而有的人脑中出现的画面可能是“抱着大树阻止别人砍伐的人”。同样，一听说某人是银行家、政治家、阿拉伯人、以色列人、嬉皮士或摇滚歌手，头脑中就会对这个人产生一个总体印象，之后听到有关这个人的所有信息，都会带有总体印象所赋予的色彩。

- **侥幸心理：**我们很不善于用算术方法来计算能够引发情绪反应事件的发生概率，例如，我们不会通过运算求出“得”与“失”的可能性。大多数人凭直觉来避免损失，甚至有时干了丢西瓜、捡芝麻的事都意识不到。灾难发生之前，人们都觉得灾难不会发生在自己身上，所以即使他们付得起保费，或者有条件采取防范措施，也不去做。等灾难降临到邻近地区或者自己身边，许多人就开始过度采取防范措施，走向了另一个极端。非线性体系的复杂运作超出了我们的心理掌控范围，这一事实使本来复杂的体系变得更加复杂。

如何突破局限？

启发意义

我们可以依靠“习得行为”、经验法则或启发式方法在简单的情形下迅速做出有效的决策。当我们面对熟悉的问题时，这些方法非常奏效。实际上，我们每天的日常生活都在运用这些方法。

但是，我们用来解决复杂系统产生的风险的许多启发式方法，是过度简化了的“认知偏差”，我们用这种认知偏差试图“理解”我们无法理解的复杂系统内的相互作用。这样做实际上是很危险的，因为简单的模型根本不可能解释或预测复杂系统内相互作用的结果。

这样的启发式方法会使人误入歧途，尤其是在面临新情况的时候。人们总想参照以前类似的经验或经历来认识新情况，但这样很容易产生误解。

许多认知偏差会产生甚至加重不良影响。以下列举了五种典型的认知偏差。

- **寻找相似点：**我们总是倾向于用表面上类似的视角来看待事物。看到一个新的事物或听到一件事情时，我们很容易情不自禁地想起一些不寻常的、充满感情色彩的事件，然后重新审视新事件和自己回想起来的事件的细节，并找出相似或相通的地方。这种思维模式一定会产生误解，还会导致对事件概率的错误判断。
- **武断：**我们时常根据两个事物表面的、琐碎的相似点，就得出二者实质相似的结论。有时候我们还在一些根本不存在所谓“模式”的情形中寻找模式。
- **先下结论，再找证据：**一旦我们对某个事物形成某种判断，我们就只关注能证明自己判断的事实，不理会无法证明自己判断的那些证据。
- **先入为主：**在精神上，我们总是放不下那些过去已经接受的“事实”和已经形成的观念，即使新出现的情况与过去的情形毫不相干，我们还是固守已有的看法。

● **自负**：我们总是过高地估计行动成功的可能性，总是觉得自己很优秀。许多成功人士认为自己总是正确的，或者至少大部分时候都是正确的。男性中，有相当高的比例认为他们的驾驶技术高于平均水平。许多人总是对成功寄予厚望，但却不愿意承担失败的后果。

许多因素导致我们对风险的感知形成误解。图 4—1 描述了启发式方法、偏见和认知错误之间的潜在关系。人们用启发式方法来评估感受到的东西，偏见会影响我们对事物的反应，认知错误源于启发式方法与偏见之间的相互作用。我们先前的经验、成见以及情感与认知相互作用的结果，导致我们将风险融入一定的背景经验，用已有的知识定义风险的内容，凭情感和直觉计算风险的概率和影响。

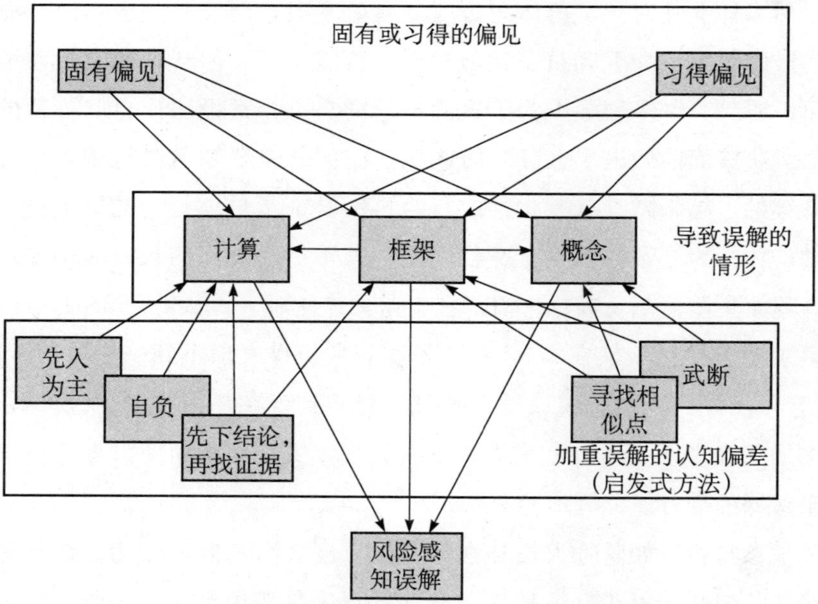

图 4—1　导致风险感知错误的偏见和认知偏差

群体行为

在辨认、分析、降低复杂情况中的风险方面，我们存在一些先天的或后天的弱点。要克服这些弱点，就有必要了解我们的认知局限与行为偏差的基本特征。但是，评估和降低自然灾害风险的工作一般是由许多人共同承担的，所以还有必要考虑“群体行为”的影响。

多数群体行为是由个人希望被群体接受的自然意愿产生的。达成共识的压力会迫使群体行为的产生，当一个群体的主导人物提出意见时，群体的其他成员有同意领袖意见或多数人意见的倾向。群体成员有时会被充当群体执法人员的管理者所左右。例如，群体成员发现自己的意见和群体领袖的意见不一致时，会重新审视自己的意见；当群体领袖认为自己的能力较强时，群体成员也会认为他们自己的能力较强；当群体成员发现自己的某个行为与其他成员的行为一致时，就会认为自己的行为是正确的。结果，一旦群体领袖或群体中的多数对外部环境有了错误的感知或认识，其他成员也会形成错误的认识。这种现象会削弱群体评估风险的能力。

虽然多样性是对抗“群体思维”的有效手段，而且一些成功的企业领导者确实鼓励董事、高管和员工挑战权威、打破框框，但从一些政治领袖的自传中可以看到，许多领导人为了巩固自己的势力，都设法让自己阵营的支持者在重大决策面前做出“忠诚”的选择。在部分全球知名银行中，金融从业人员持续的、越来越具有欺骗性的行为再次验证了群体行为的巨大危害，这些人的群体行为导致许多银行濒临倒闭，需要空前规模的政府救市才能扭转局面。花旗集团董事长兼首席执行官查克·普林斯（Chuck Prince）曾经讲过一句臭名昭著的话，他在 2007 年 7 月次贷危机爆发前不到一个月的时候说：“只要音乐没停，我们就应该继续跳舞。我们到现在还在跳舞。”全球领先金融机构的高级管理人员做出了继续放纵的集体决定，从而使世界经济陷入二战以来最深的低谷。

其他参与者，如监管人员和强势媒体，也会影响群体行为。在某些情况下，跟从貌似政治上正确、教义上合理的行为是普遍现象。美联储前主席艾伦·格林斯潘（Alan Greenspan）不担心房地产的繁荣会变成投机泡沫，为此外界一直批评他。尽管如此，他的言论，加上他的地位，还是影响了许多人。

风险文化与风险容忍

个人经验可以从多个方面影响对风险的感觉。个人和群体在经历过一些风险后，对风险就有了一定的容忍度，这种容忍会影响风险评估的结果，并影响面对风险时的反应。风险无处不在，生活伴随着各种各样的风险，因此个人和群体已经习以为常，忽视了风险的存在，同时认为不熟悉的风险离自己相当遥远。加沙和苏黎世的居民对恐怖主义风险有截然不同的看法。

风险容忍似乎传达着两个意思。第一，人们对风险很熟悉，仿佛是司空见惯的东西了。第二，人们感觉自己没有能力降低风险。1923 年 9 月，日本东京关东大地震夺去了 14.28 万人的生命；1906 年，旧金山圣安德烈亚斯断层大地震使 3 000 多人丧生；2001 年 1 月，印度西北部古吉拉特邦地震使 2 万多人丧生、100 多万人无家可归；2003 年伊朗东南部巴姆地震中，死亡人数在 1.5 万人以上。生活在这些地区的人，对地震造成的伤亡风险和财产损失风险表现出了很高的容忍度，但是原因所有不同。

旧金山和东京的人可能会想，距离上一次大地震已经那么久远，现在的建筑规范更加可靠且保险覆盖范围更广，所以他们不太在乎风险，容忍度很高。而古吉拉特邦和巴姆的居民相信文化、宗教意义上的宿命论，而且他们没有其他能够起作用的选择，所以他们对风险的容忍度也很高。也许，群体共鸣效应限制了个人背离群体准则的行为。

降低风险的行动的意义

必须认真规划降低自然灾害风险的行动。人们都有“风险动态平衡”的倾向，虽然通过保障措施降低了风险的水平，但人们会在其他方面“抵消”风险水平的降低。这个理论颇受争议。首先，该理论认为每个人对可以接受的风险水平心中都有定数，这个定数不容易改变，并且认为传统的安全意识宣传的目的是杜绝冒险行为，而不是减少冒险行为。其次，“风险动态平衡”理论表明有些政策适得其反，因为许多人一旦觉得有保护措施，就放松了警惕。

慕尼黑的出租汽车司机给我们提供了一个典型的例子。慕尼黑的出租车有一半安装了刹车防抱死系统，另一半没有安装，但两组出租车的事故率基本相等，因为安装了刹车防抱死系统的出租车司机开得更快、跟车跟得更近、刹车踩得更晚。对系安全带和不系安全带的司机、戴头盔骑自行车的儿童和不戴头盔骑自行车的儿童，以及配有不同安全级别水肺装置的潜水员进行的分组试验，也都得出了相同的结果。有些研究表明，过去影响行为的手段，包括宣传教育、通过技术手段提高安全系数或采取强制安全措施等，没有降低交通事故的发生率。

该领域的大部分研究都与道路安全冒险行为有关。此外，人们也在争论“风险动态平衡”理论的适用范围。至于如何运用该理论减少与自然灾害有关的风险行为，还需要更加深入的研究。

虽然政策制定者降低风险容忍度的能力有限，但还是有一些可行的途径。第一，对未来期望值较高的人，一般不喜欢冒险行为。第二，有证据表明，降低人们可以接受的风险水平，可以有效减少冒险行为。日本的一项研究表明，拓宽人们获取与环境风险有关的信息的渠道，可以提高公众参与政策制定的热情，加强公众与环境政策制定者之间的互动。

风险的“神经经济学”

随着神经科学和派生出行为经济学的心理学的不断发展，神经经济学应运而生，该学科吸收了大脑成像以及对脑损伤、脑疾病和脑失调患者行为的研究结果。神经经济学的先驱是科林·卡默勒（Colin Camerer）、乔治·洛温斯坦（George Loewenstein）和特雷森·普雷勒克（Drazen Prelec），他们的研究验证了一个现象：“柏拉图将意识比喻成赶着两头牲口的车夫，其中一头是理智，另一头是情感。只不过认知（理智）是一匹小马，情感是一头大象。”

这个比喻的意思是说情感经常取代理性考虑，从而形成认知（或推理）过程（解决逻辑问题）与情感活动（感情与情绪反应）之间的差异。情绪（或情感）有许多种，如引起逃跑、攻击或呆滞的恐惧，导致侵犯行为的愤怒，以及寻求安慰或缓解的痛苦。这些经历会留下记忆、养成偏好，并影响今后的感觉。

人类活动是由认知（分析）和情感（边缘）系统中的可控制过程与自发过程之间的相互作用决定的。自发过程，其目的是应对进化挑战，它比有意识的思想活动进行得更快，发生时毫不费力。自发过程是大脑边缘系统的产物，边缘系统在动物和人类身上普遍存在。人类的决策由边缘系统（控制本能反应）和分析系统（形成结构性思维）之间的相互作用生成。

大脑成像实验的结果表明，当我们需要在不确定环境中进行决策时——这种情况在面对复杂系统时不可避免——直觉和情感会跟理性选择发生冲突。当自发过程持续出现时，理性选择所必需的可控制过程（认知）必须压过自发过程，所以持续的理性行为很难实现。

神经科学的研究成果为恐惧、信任和忽视未来回报这三种现象提供了合理的解释。这些现象会影响不确定环境下对风险的认识，但对防灾、减灾规划来说非常重要。

恐惧

恐惧是一种神经性反应，会影响人在不确定情形下的决策。在面对不熟悉的人物或事件时，人们一般能够有意识地评估相应的风险，并决定采取什么级别的风险防范措施才能够使风险和收益达到平衡状态。但是在某些情况下，突发的威胁或很大的不确定性会使人产生恐惧心理，从而引起自发的、不可控制的反应。

恐惧反应是扁桃腺激发的，扁桃腺由大脑中部颞叶中的杏仁状神经元组成，当不熟悉的刺激因素出现时，扁桃腺会使人形成并表现出恐惧情绪。出现恐惧时，人往往突然僵住，心跳和呼吸加速，同时释放应激反应性激素。扁桃腺还能记住恐惧反应诱因和结果之间的关联，让人们知道什么事情是可怕的，什么事情不可怕。

扁桃腺损伤会抑制恐惧反应。出现恐惧反应的能力降低会导致更加疯狂的冒险行为。然而，强烈的恐惧严重影响对风险的理性评估，甚至可能引起晕厥。

相互信任

信任是联合行动、社会合作与经济交流的基础。民族的兴旺与信任的制度化息息相关，信任的制度化可以通过法律途径或社会惯例（例如关系）来实现。如果社会上绝大部分人都很诚信，交易成本会大大降低。

实验表明，当某人对其他人的行为表现出不信任的态度时，他的脑岛皮层、前扣带皮层和背侧前额皮层活动加剧，其中脑岛皮层司疼痛，前扣带皮层司抽象思维和情感，背侧前额皮层司宏观规划。前扣带皮层似乎可以用预期的经济利益来平衡不公平事件所产生的不快，同时，大脑中的这片区域还可以进行风险计算。当某人对他人的行为存在积极预期的时候，他就会接受自己的弱点，容易轻信别人。这一点不足为奇。

人们在参与社交活动时，脑垂体后叶的荷尔蒙分泌水平升高，升高得越多，说明信任度越高。我们可以用神经学语言来解释信任：当某人看见以前合作过的人的时候，他大脑中的腹侧纹状体组织就开始活跃起来，这一区域对报酬或利益较为敏感。

男性和女性评价风险的方式不同。在一项测试大脑分析信任度的实验中，男性的中扣带脑沟在考虑信任度时开始活跃，做出决定后，该区域活动停止。而女性在做出决定后，负责处理错误检查的、位于脑侧室的尾状核开始活动。很明显，女性在做出决定后，会立即质疑先前的决策，所以人们经常说女人是善变的。

应对自然灾害，需要民众相信科学家的解释和政府制定的政策。在发达国家，要想应对气候变化，就需要在较短时间内降低碳排放，这就要求民众改变生活方式。经济增长不能再以过量的碳排放为代价，民众也必须意识到生活水平的提高不能以过多的碳排放来实现。要转变政府和民众的观念和行为方式，需要教育、监管、刺激政策等手段多管齐下，更需要民众和政策制定者对科学家的信任和民众对政府的信任。

解决信任问题任重道远。调查显示，大部分美国公民虽然相信气候变化会带来严重风险，但直到现在，许多受过良好教育的国民还觉得可以等到有更多确凿证据证明气候变化危害严重时再开始减排也不晚。许多政策制定者对于引入碳排放税犹豫不决，虽然他们知道碳排放税可以刺激企业加大对节能减排的科研投入，但他们还是一味地提高能源价格，或者强制引入增加企业能源成本的碳捕获和碳封存技术。政策制定者实质上是以对未来事件的不确定性为借口来拖延行动。

因为温室气体在大气中的沉积对气候变化的影响需要很长时间才能体现出来，所以政策制定者不能立即重视气候问题，长此以往，整个生态系统迟早有一天会遭到巨大破坏。

不能否认，有些政策制定者还是愿意积极采取措施的，但是他们似乎有心无力。在崇尚个人主义的社会中，公民质疑所谓的“专家”提出的说法，他们觉得如果按照专家的建议去改变自己的行为方式的话，肯定会给自己带来不便，而且他们认为那些所谓的权威专家提供的信息都是为政治服务的。由于这些人无法对复杂的科学问题进行独立的研究和调查，同时也没有能力评估政策的有效性，所以他们对改变生活方式的怀疑和抵触是可以理解的。

未来收益

虽然新古典经济学理论建议人们在衡量眼前收益与未来收益时应合理考虑“贴现因素”，但实际上，如果收益不确定，人们是不会考虑“贴现因素”的。

大脑中的分析系统随时处于工作状态，但面对直接利益时，还是会败在大脑边缘系统的作用下，眼前利益产生的兴奋会取代精确的计算。总之，预期利益离我们越遥远，我们在计算成本效益时就越理性。

自发行为与控制行为之间的相互作用会产生不同的结果。如果考虑的事情很近，自发行为会占据支配地位，如果很远，控制行为便会占据支配地位。自我控制，需要在情感上对未来理想状态有清醒的认识，在认知上，需要对当前投资与未来收益之间的关系有准确的把握。

在考虑将来很遥远的事情时，虽然协调认知行为与情感行为不那么简单，但人们通常会表现出很强的自控能力，做出坚定的选择，许多人还很不耐烦，认为现在考虑那么远的事情简直就是浪费时间。

在考虑近期利益时，需要在较短时间内做出决策，这种情况下大脑边缘系统发挥的作用会超过前额皮层的活动作用，这属于自发行为。自发行为可以满足迫切的心理需求，让有意识的控制行为无法发挥作用。

这就可以解释为什么人们还要住在飓风或洪水多发地区，为什么不在地震带严格按照建筑标准建造房屋，或者为什么不给自己的财产购买保险。自发系统感知到的眼前直接利益——例如住所位置的优美景观及便利交通，或者用买保险的钱去吃喝玩乐——将谨慎的计算抛到了九霄云外。沿海地区大规模的房地产开发，使地方当局获得了实际的税收利益，所以他们不假思索、唯利是图，根本不理会今后可能发生的灾难。忽视防灾、减灾重要性的行为，包括不买保险、不执行更严格的建筑规范、不经过认真规划就大肆开发等，是目光短浅的典型表现。

如何提高决策水平？

由于经历、偏好、价值观不同，人们感知、认识、评估风险的方式也不相同。情感与理智之间、控制行为与自发行为之间保持着动态、复杂的相互作用，尤其在压力之下，其相互作用更加明显。而且，男性和女性对风险的反应也很不同，这也许是因为男女在性行为中的地位不同，或者在子女教育方面所扮演的角色不同。

但是，人类对风险的感知也表现出了一定程度的共性。大脑边缘系统产生的自发行为已经使人类繁衍了数千年，至今仍在主宰人类的直觉反应。古今中外、男女老幼，在风险面前的共同倾向是：

- 高估不熟悉的风险，低估熟悉的风险；
- 优先考虑眼前利益，不愿意考虑未来收益。

要避免或减轻自然灾害对人类的影响，我们必须在政策制定方面解决以下四大难题：

1. 我们尚未完全掌握自然界中动态确定体系与动态随机体系的运作机制，也没有为这些体系充分地建模。也就是说，人类还没有认识自然系统的所有构成要素，也没有弄清其核心特征。目前，完整的数学模型尚未建立，现有的科技水平也无法给出可靠的预测。美国宇航局戈达德空间研究院的詹姆斯·汉森（James Hansen）在2009年4月份《自然》杂志中的一篇文章中说道："目前的模型还不健全，人类制造的温室气体量增长太快，没有古气候数据可以模拟。"汉森解释说，气候模型是"我们最薄弱的工具"，人们"在所有自然灾害预测上都不会相信这些模型的准确性"。

2. 因为有些政策会损害一部分人的某些利益，至少是短期利益，所以政策制定者要想改变现有政策，做出有利于防灾、减灾的决策，必须充分说明理由。由于语言功能和人类记忆能力的限制，要想说服立法者和选民重视建立在高度不确定性基础之上、未经验证的政策所带来的利益，是一件很困难的事情。况且，自然灾害的威胁离我们那么遥远，就算是告诉人们灾难结果必然发生的具体日期，大家也不会拿它当回事。

3. 掌握财政大权的人对复杂的系统问题有不同的认识，但几乎所有人都不会为了未来的不确定利益而推迟获得眼前的确定利益。因此，用于防灾、减灾的资源很难获得，掌握资源的人不愿意为不确定的远期利益付出成本。

4. 不信任也是一个重要因素。未经实际经验证实的、有关自然灾害影响与预测的不确切描述，使本来就存在的信任危机雪上加霜。

不确定性条件下的领导对策

领导层的任务是制定并实施总体规划和核心战略，同时向其他人宣传政策，鼓励并动员他人积极参与。例如 2008 年的金融危机中，从中国到美国，都迅速调集资金拯救银行体系，并出台了一系列刺激政策来抵御危机。

要摆脱危机，只有钱是远远不够的。领导者必须以高超的领导才能应对金融危机导致的恐慌与消极心理才能避免萧条、恢复增长。处变不惊的态度、众志成城的决心以及大刀阔斧的改革是重建信心的必要条件。管理金融市场危机的经验，让我们看到了提高预防自然灾害效果的希望。

从 2007 年 8 月次级信贷市场崩溃到全球金融危机与经济萎缩大范围蔓延只有一年的时间，这说明全球各体系之间的联系既会放大不利事件的影响，又能调整并分散这些影响。因此，建立、巩固全球各体系之间的联系，调整、激励相互联系的行为，还是很有必要的。

受全球气候变化的影响，极端天气事件有增多的趋势，而实际情况比我们意识到的还要糟糕。在《自然》杂志中，詹姆斯·汉森指着北冰洋说，冰盖面积越来越小，格陵兰的冰川正在融化，热带地区不断扩大，现在即使将大气中的碳浓度降低到 450ppm 也无济于事了，只有降到 350ppm 以下，我们才能逃过危机。

全球人口持续增长，而且人们对物质的欲望越来越强，但“自然资本”

却越来越少，包括地下水、海洋生物、生物多样性、农田、牧场、新鲜空气等都已经难以支撑下去。此外，新兴经济体对“西方”生活方式的向往与追求也加剧了人口与资源之间的紧张关系。气候变化及其对其他生态系统的影响，可能会导致恶性系统循环，威胁人类生存。要解决气候问题、避免灾难或者降低灾难损失，我们最好梳理各种意见和政策，整合各项行动和措施，形成一套完整、健全、有效的应对体系。

人类不是计算机，人类并不“理性”，所以人类制定的政策从来不会以严格的统计数据、复杂的模拟结果和精确的数学计算为基础，即使制定出这样科学的政策，民众也不一定会支持，落实会大打折扣。2007 年 8 月之前，金融系统过度依赖复杂的数学模型，许多人说这些模型可以有效避免或分散风险，但他们没有考虑到虽然模型给出了准确的结果，但模型是人建立的，人终究是会犯错误的。

仅仅意识到人类不会正确利用计算方法还不够。一般的认知偏差——在认知过程中大脑边缘系统占支配地位时的产物——会产生危险的推论、诱发原始的行为，这种在人类社会城市化和工业化之前存在的、可以使个人生存下去的行为，在今天不仅没有用，而且还相当危险。最发达国家出现的过度消耗和浪费就是很好的例证。

自然系统太过复杂，人类没有能力完全认识自然系统的运作，所以我们很难设计出有效的政策。人类简单、僵硬的思维模式总是倾向于单一因果体系，所以我们对自然系统的理解和反应都很有限。我们制定的政策处于动态环境下，经常产生意想不到的后果。立法机构颁布的政策还经常夹杂着政治妥协与交易的结果，有些以政治目的为导向的政策甚至完全背离了立法的初衷。结果，即使是精心设计的政策也经常产生不利后果，导致公众的批评、不信任和抵触。

要想更加深入地理解我们面对的复杂环境，克服我们理解上的局限性，需要借助一些有效的工具。科学、系统思维和数学模拟是必要的，我们应尽量扩大其应用领域，使这些工具发挥更大的作用。同时，我们还必须不断学习，拓展自己的知识结构，加深对自然界和应对自然灾难的工具的理解。因此，面对自然灾害风险，我们必须做好以下三件事情来提高领导能力：

1. 尽最大所能认清问题，确保不出现认知偏差，避免非理性的恐惧。将每个重大问题分解成若干个容易理解和解决的小问题，使公众能够理解问题的严重性并意识到解决问题的迫切性。

2. 如实公开已知信息，承认不确定的信息，制定提高信息解读能力的具体计划。面对立法者、公众、拥护群体等不同对象，使用容易让听众理解的语言。

3. 将对话主题集中到如何制定政策、如何定价、如何改变行为习惯等必须要做的事情上，集中精力办大事，推动防灾、减灾工作有序发展。深入研究、分析造成当前问题的原因，避免追究不必要的责任，关注现在和未来。

我们必须继续设计、开发出更多模型，帮助我们更加深入地理解非线性的、复杂的、我们面对且参与创造的自然系统，同时我们还要意识到，我们对各种自然现象做出的反应还不够明智，需要尽力克服这方面的弱点。我们还必须认识到，人类很难透彻理解整个自然系统，以我们现在对自然界的把握尚不足以说服民众放弃自己的生物性习惯和偏见，牺牲自己的短期利益，来拥护新的政策。

将最新科研成果用于相关政策的制定，民主体制的决策体系并不总是最有效的方式。为了狭隘的局部利益，立法过程中有太多的交易，只有大难临头的时候才会考虑共同利益。因此，在特定的社会文化背景下，只有以科学知识为基础，本着对大自然敬畏的态度，通过有效的领导机制，才能制定、实施更好的预测并减轻自然灾害影响的政策。建言献策者和政治领袖需要理解各自在这一历史重任中的角色和作用。

第五章 Chapter Five

风险评估中的五种错误

艾伦·伯格(Alan Berger),麻省理工学院
凯斯·布朗(Case Brown),克莱姆森大学复垦卓越项目
卡洛琳·考斯基(Carolyn Kousky),未来资源组织
理查德·泽克豪泽(Richard Zeckhauser),哈佛大学

概述

经济学家在评估风险时所使用的理性决策模型由五部分构成：概率因素、对潜在利益与损失的计算、（主观）概率与统计数据的准确使用、对所有选择的描述与评估，以及对决策人员面对的所有利益和成本的综合分析。

但是决策者在上述五个方面经常犯错，他们的失误可以总结为概率疏忽、结果疏忽、统计疏忽、应对方案疏忽和外部风险疏忽。本章讨论容易出现各种错误的情形及各种错误对决策的影响，并用两个有关环境风险的案例详细说明五种错误在实践中的表现。

简介

我们经常要在风险情况下做出决策。例如，如果知道某项治疗方案引起并发症的可能性很低，那么究竟还应不应该实施这套可能对患者有益的方案？地方政府是否应该允许在容易受到洪水袭击的地区开发房地产？国会应该为反恐工作拨多少款？

经济学家已经为风险条件下的决策过程建立了一个“理性选择”模型，称为预期效用理论。该理论首次给每一个可能发生的结果赋予了效用价值，表示满足或幸福的程度，然后根据在特定选择下出现相应结果的概率来确定各种结果的权重，计算得出的值就是每种选择的效用价值。所有选择都以这种方式来衡量，最后就可以找到具有最高效用价值的选择。用这种方法解决社会问题时，经常用某种社会总体效益标准来代替效用。

理性选择决策方法包含五个要素：

1. 概率因素；

2. 对潜在利益与损失的计算；

3. （主观）概率与统计数据的准确使用；

4. 对所有选择的描述与评估；

5. 对决策人员面对的所有利益和成本的综合分析。

第一，必须考虑概率。在真实世界中，只有少数情形的概率是客观、已知的，其他所有情况都要求个人对概率进行无偏差的评估，其结果称为“主观概率”，意思是个人相信会发生某个结果的程度。制定政策时，决策者经常根据模型或历史数据生成主观概率。主观概率与简单博彩类似，例如，如果某人认为他的财产明年被洪水冲走的可能性为 0.1，则这个主观概率就相当于从 1 到 10 的轮盘赌中转到 8 的可能性。

第二，必须考虑与选择相关的潜在利益和成本。这里存在着一个普遍复杂的问题，即只有在未来才能知道决策的结果。当答案揭晓时，实际效用可能比预期低。而且决策者在等待结果的过程中可能会对不确定性失去耐心，他们宁可要今天的一块钱，也不愿意要明年的两块钱。

第三，概率必须反映出所有可以得到的信息，而且不能夹杂主观偏见，计算过程也必须遵循概率论的算法规则。例如，必须为一种选择的所有可能结果的概率求和，这样才能精确计算每种选择的预期效用。要做出最佳选择，还必须严格遵循第四条标准：对所有可能的选择都应给予适当的重视。但实践中，有些选择很快就被排除了。

第四，决策者必须考虑一种选择产生的所有成本和收益。需要注意的是，决策者自认为的理性选择对社会整体来说不一定是最佳方案，除非他同时考虑了其他选择的所有成本和收益。因此，要得到社会性的理性选择，而不是个人性的理性选择的话，需要将第五个要素精确地描述为：对决策者和所有外部相关者面对的所有利益和成本进行综合分析。

综合分析的过程比较复杂，需要耗费大量时间和精力来进行精确的计算。在日常生活中，人们可能会大幅偏离理性模型，在大多数情况下不经过计算和分析而凭感觉或直觉作出选择。个人的理性是有限的，他们使用的选择方式会在决策中产生许多系统性的偏差。

政府和企业有时采用政策分析或商业企划的方法来帮助他们做出风险决策，这些方法可以在一定程度上避免偏差，但是政府和企业为了维护信誉或避免承担责任，也会出现一些特有的偏差，因为这些组织内部的一些个人为了狭隘的局部利益会隐瞒部分信息。这种情形称为“代理问题”，当指定某人为某领导或机构做决策时，他做出的决策也许对他自己来说是最有利的，但不一定对他所代理的领导或机构最有利。

本章主要关注个人在为自己或其他人或机构——包括整个社会——做风险决策时容易疏忽的地方。做决策时，许多人没有将上文中理性选择的五个要素全部纳入考虑范围之内，因而出现了五种错误：

1. 概率疏忽；
2. 结果疏忽；
3. 统计疏忽；
4. 应对方案疏忽；
5. 外部风险疏忽。

下文将详细分析这五种错误。虽然国家安全和治疗方法方面的实例更容易列举，但每种错误还是给出了涉及环境风险和自然灾害的实例。后面的两个案例分析详细描述了各种错误的危害，最后给出了本章的结论。

五种错误

概率疏忽

在不确定条件下进行决策时，人们有时可能不考虑结果发生的概率，而只关注结果本身。卡斯·桑斯坦（Cass Sunstein）等人将这种现象称为概率疏忽，这种疏漏在充满情感因素的风险决策中最容易出现。桑斯坦和泽克豪泽通过实验揭示了概率疏忽现象。他们做了一个心理实验，问法学院的学生愿意花多少钱来消除饮用水中的砷所引起的癌症风险。研究人员将受试学生分成两组，然后告诉第一组学生饮用水中的砷引发癌症的概率是十万分之一，告诉第二组是百万或千万分之一。他们发现，当对癌症死亡风险的描述不具有感情色彩时，学生们愿意花更多的钱来消除较高风险，说明他们此时考虑了概率因素，这是研究者预料之中的结果。但是，当用恐怖的语言和图片来描述癌症死亡风险时，两组学生愿意花同样多的钱去消除风险，说明他们基本没有考虑面临的风险概率。桑斯坦和泽克豪泽将这种花同样多的钱来降低极小风险和极大风险的结果称为“情感保费”。

如果忽略了概率，人们对低概率事件可能会出现过度反应。纽约州尼亚加拉大瀑布附近的“爱之河”社区为我们提供了一个典型的例子。在这个社区里，住宅和学校都建在一个被填埋的化学废物垃圾场上。以前，这里是一条运河流经的地方，几十吨的有毒垃圾在这里处理。20 世纪 70 年代，有毒化学品开始渗入房屋和花园，恐慌的居民和大量的媒体报道使“爱之河”社区和其他化学物品填埋场成为全国关注的焦点，结果联邦政府被迫重新安置居民，并花费了大量资金清理有毒化学品堆积点。但是，一直没有科学证据能够证明“爱之河”社区下面的化学垃圾对居民造成了健康影响，其实该社区还面临着其他方面的威胁，如果用转移化学垃圾的钱来解决其他问题，可以大大改善社区居民的生活品质，但是他们忽略了风险的概率，结果事倍功半。因此，泽克豪泽和维斯库西（Viscusi）说，我们在降低风险方面的投资回报率往往很低，原因就是没有认真考虑概率。

结果疏忽

人们有时会忽视风险事件结果的量级，我们称之为结果疏忽。一些不容易引起注意或难以想象的风险最容易导致结果疏忽，这样的风险主要是指人们以前没有经历过或没有考虑过的危险情形。但是，面对这类概率很低、后果很严重的风险，人们的准备往往不够充分。因为觉得风险太小，所以人们也不大考虑后果。但是如果后果极其严重，对预防和保护措施的投入会产生预期的积极效果。考虑到风险厌恶水平和预期效用，防范措施的花费可能会更有价值。

理查德·波斯纳（Richard Posner）以小行星撞击地球为例讨论了这类风险。一颗足够大的小行星，比如可能使地球上的恐龙灭绝那么大的行星，在任意一年与地球相撞的可能性很低，波斯纳给出的概率是一亿分之一或五千万分之一，所以我们几乎没有采取任何措施来避免小行星撞击地球的风险。波斯纳说，尽管我们投入很少，但美国宇航局未来十年内不会停止追踪体积较大、距离地球较近的所有星体。人们不大关注小行星撞击地球的原因就是结果疏忽的体现。人们看到这种事件的概率几乎是无穷小，所以就忽略了它的严重后果。如果了解了小行星撞击地球可能产生的后果，决策者在进行成本效益分析之后，也许会决定或建议别人务必投入更多资源对这一事件的风险进行评估，甚至要求研究如何避免撞击事件的发生。本章后面的一个案例进一步说明了结果疏忽的危害。

统计疏忽

主动评估较小的概率，然后根据最新信息持续更新评估结果，费时费力，很难做到。所以人们经常完全不通过计算和分析来谨慎判断某一风险事件的概率，只凭经验得出结论。但是经验法会使决策出现系统性的偏差。许多人误解了概率的基本特征，因此得出了错误的统计结果。行为经济学和心理学文献中列举的统计疏忽有许多情形，本章只讨论其中四种。前两种与概率的评估偏差与更新偏差有关，后两种说明人们对概率统计知识的重大误解。

经验法是指人们倾向于根据风险事件实际结果出现在脑海中的速度来判断风险事件的可能性。所以，人们可能会高估印象非常深刻或最近经历过的事件的可能性，同时低估那些难以想象或描述的风险事件的可能性。一般来说，灾难刚刚结束，或从未经历或想到过的灾难袭击之前，或上一次灾难已经消失在记忆深处时，人们感觉到的威胁最小。凭经验来判断风险，会导致人们在防灾、减灾上的投入在灾后过多，在灾前过少。2009 年，尽管有力证据表明人感染甲型 H1N1 流感的死亡率不高，但世界各国还是都做出了非常强烈的反应。但是在“非典”和禽流感到来之前，人们却忘记了 1918 年夺去全球五千万人生命的那场瘟疫。

与经验法的情形类似，人们从未经历或想到过的灾难发生之后，人们还有可能过度更新这类事件的风险评估结果，但如果人们之前有过这类风险事件的经历，他们会忽略新的迹象。例如，如果在某一区域内建立了一道分水岭后，可容流水通过的地表面积减少，或者在危险地区继续开发房地产，或者由于气候变化的原因，都会使这一地区遭受洪水袭击的可能性增加，这时该地区应重新评估洪水风险。但如果该地区曾经经历过洪水灾害，那么尽管进行了大规模的土地施工，人们可能也不会适当更新风险评估的结果。

除了忽略或不正确估计概率之外，人们还有可能错误地使用概率数据。研究发现，许多人错误地以为较小的样本更具有代表性。例如，如果只有一百年或更短时间的数据，就无法精确地计算出五十年一遇的飓风出现的概率。不过人们常常自以为是。灾难过后，经过了几年的平静生活，我们可能会低估出现飓风的概率。突然某一年遭飓风袭击之后，人们又会高估飓风的风险概率。

人们有陷入所谓“赌徒谬误”的倾向，赌徒谬误是指系统会自我修正的错误想法。例如掷硬币，掷了几次之后都是正面朝上，这时赌徒就会认为下一次很可能是反面。容易遭受灾害袭击地区的居民如果有赌徒这种想法的话，就会认为大灾之后不会再有大难了。这个判断对于某些灾难来说可能是正确的，像地震，断层压力释放后，可能就不会再出现地震了，但对于大多数自然灾害来说并不是这样。

应对方案疏忽

有时会出现没有考虑可能的应对方案的情形。如果最佳方案都没有纳入考虑范围的话，就更谈不上选择最佳方案了。对一个有一百年历史的河边社区的居民进行的调查显示，他们应对洪水的方法非常有限。大多数居民只知道采取技术手段，而忽略了改变土地用途、购买保险、使用警报系统等其他方法，也许有一种方法可以实现更大的利益，但是却没有人考虑，更没有人尝试。本章后面的两个案例详细描述了忽视应对方案的危害。

忽视应对方案可能有三个原因。首先，人们有一个不太好的习惯，就是喜欢固守现在的选择或现在的政策，这种现象称为“维持现状心理”。这样的话，目前没有实施的方案干脆就不会被考虑，完全被忽视掉了。其次，其他方案可能会影响政治地位。如果已经掌权的人不希望改变现状，那就不容易考虑甚至仅仅是设想新方案。最后，决策者一般都很忙，时间和精力有限，可能无暇顾及所有的可能性。在政界，要想让一套可能解决问题的方案进入讨论程序需要成本，所以有时更好的方案永远也见不到天日。

在环境风险方面，有两种忽视应对方案的现象比较普遍：自然资本疏忽和补救疏忽。自然系统本身也有价值，所以环境经济学家把资本的概念延伸到了生态系统，将自然资源称为自然资本。如果忽视了自然资本，人们就不会考虑利用自然系统来降低风险。例如，湿地其实就是一块海绵，可以容纳洪水，海榄雌等海洋植被可以缓冲巨浪。但实践中，人们抵御洪水和巨浪只考虑堤坝。

人们很少利用自然资本来应对灾害，但自然资本确实可以向人类提供帮助，因此需要提高重视。加利福尼亚州的纳帕河经常泛滥，但沿岸居民拒绝了陆军工兵部队用传统工程方法控制洪水的方案。20 世纪 90 年代，当地社区联盟设计了一套特别的防洪方案来抵御百年一遇的洪水。他们拆除了防洪堤，开辟了一片 260 多公顷的潮汐式湿地来吸收洪流。陆军工兵部队忽视了自然资本的利用，社区联盟的方案经受住了时间的考验。

补救疏忽是指我们有时会忘记把坏的东西修好是降低风险的最好办法，忘记这一点的原因也许是我们觉得修理是“落后”的、而不是“先进”的做法，但亡羊补牢也不算晚，总比不管不顾强得多。有些情况下，某种行为会造成很小的灾难风险，但该行为长期持续存在，迟早会酿成灾难。这种情况下，人们经常同时忽略应对方案和灾难后果，抱着侥幸心理生活。这时最好的办法就是采取补救措施，避免长期存在的习惯行为引发风险。卡特里娜飓风之前，新奥尔良没有修缮防洪堤，结果造成了美国历史上最严重的自然灾害。本章后面的一个案例也描述了疏忽应对方案的情形。

外部风险疏忽

个人和群体做决策时经常以个人利益或群体利益为重，只考虑与自己或自己所在的群体有关的成本和收益，不考虑他人的成本和收益。这虽然属于理性行为，但如果存在外部利益相关方，这种决策方式得出的选择对全社会来说并不是最佳方案。这里，我们主要关注负面、消极的外部因素，或者是强加在别人身上的成本。

外部风险疏忽是负面外部因素的一种特殊类型，这种外部因素会增加他人面临的风险。考斯基和泽克豪泽将这种类型的外部因素称为“不和谐行为”，不和谐行为会将成本或代价转嫁给距离较远或暂时距离较远的其他人。决策过程中不考虑可能给别人强加的风险，就是本章所说的外部风险疏忽。密苏里州圣路易斯的“防洪堤之战”是忽略外部风险的一个典型案例。圣路易斯位于密苏里河与密西西比河之间，时常面临洪涝灾害的威胁。河边的一些社区筑起了防洪堤来保护自己的家园。虽然防洪堤在一定程度上保护了自己的居民，但洪水都涌入了旁边没有修建防洪堤的社区，因此导致了沿岸社区之间旷日持久的“防洪堤之战”。而且，一旦某个社区决定修建防洪堤，旁边的社区也不得不修，否则就会遭殃。我们可以看到，一个社区修建防洪堤的决策，没有考虑防洪堤给相邻社区造成的风险。如果每个社区都只关注各自群体的利益，就无法形成能够保护整个沿岸地区的社会最佳方案。

解决外部风险疏忽的问题有三种可靠的方法：协商、追究侵权责任和监管。首先，风险水平的变化不容易察觉，也不容易找到产生这种变化的源头。其次，风险的转移或强加是由许多人、许多方面造成的，转移或强加的对象也有许多人、许多方面。例如温室气体排放，排放出温室气体的人有很多，被迫接受排放影响的人也很多，这就涉及集体行为的问题，由于协商和侵权诉讼的成本太高，所以很难解决。再次，将风险强加或转嫁给他人的人往往位高权重、财大气粗，所以无法对他们进行直接监管。最后，活着的人给子孙后代增加了风险，这样的情形不胜枚举。毕竟，制定政策、实施法案的政治家都是由活着的当代人选举出来的，只有极少数利他主义者能代表被迫接受风险的人的利益，所以政府监管不会太严格。

案例分析

我们已经对风险评估中的五种错误进行了逻辑分析，并列举了一些典型事例。作为社会中的成员或个人，我们在应对灾害风险方面经常做一些南辕北辙、因小失大、损人利己或得不偿失的事情。以下两个案例对上文讨论的五种错误进行了深入的剖析。

两个案例都是过去的一系列错误决策造成的严重后果，同时也都暗含了一个更大的问题，就是干脆不考虑风险，即忽视了所有五种可能忽略的因素。因为我们总有“灾难不会降临到自己头上”的侥幸心理，所以对出现的任何危险警告信号都置若罔闻。此外，“多一事不如少一事”的思想也在作祟，风险管理中存在这种思想一定会造成惨剧。2008 年金融系统的崩溃，2004 年苏门答腊地震引发的海啸，以及 2001 年的“9.11”恐怖袭击，都是麻痹大意造成的后果。可以肯定的是，对这些灾难的风险管理一定存在着疏漏：金融危机之前，金融机构对外部风险没有给予足够的重视；决策者没有考虑其他可能的应对方案；概率的计算结果出现了巨大误差。下面，我们通过两个鲜为人知的案例来具体分析忽略风险因素的过程及危害。

意大利彭甸湿地

彭甸湿地是地中海沿岸罗马南部一片 980 平方公里的沼泽。两千多年来，教皇、国王及来自世界各地的著名水利工程师都试图在这里挖沟开渠，想把这片湿漉漉、黏糊糊、冒着瘴气的沼泽里的水排干。可是事与愿违，所有的想法和行动都没有成功，现在的彭甸湿地污染更加严重了。意大利拉庭罗省的官方数据显示，彭甸地区 90％较大水洼的污染程度都达到了 50％以上，绝大部分地表水和地下水含有大量硝酸盐和磷化物，以及大量危险工业废弃物。受到严重污染的废水从沼泽内的沟渠直接排入地中海，对海洋生物形成了威胁，含盐的地下水也严重影响了当地的农业生产。这些问题主要是忽视了应对方案和外部风险的结果。

从 13 世纪开始，就有人在这片沼泽地上进行排水施工。直到 1934 年，贝尼托·墨索里尼将科学的规划与测绘技术、国家法西斯主义性质的命令和现代挖掘与水泵机械同时运用，才终结了这项延续了 700 多年的工程。墨索里尼实施的这项排水工程不单是一项庞大的土木工程，还是一项大规模的人力资源动员工程。从 1928—1935 年，墨索里尼调动了 8 万多人，而且大多数是从意大利北部动员来的，将彭甸地区及临近省区 1 450 平方公里的湿地变成了干地。从第一次动工到墨索里尼完工的700多年间，除了开设水道之外，就没有考虑过别的排水办法，这是长期忽略风险应对方案的最典型案例。

没有纳入考虑范围的不仅是其他可能的方案，还有外部风险。从勒皮尼山脉流出的相对干净的水经过1公里之后，流入农田和工厂，之后便受到了污染。由于农民大量使用化肥，工业废水直接排出，加上政府不采取任何措施，所以水质污染严重。受到污染的水给沼泽沿岸居民带来了健康隐患，并对生态系统产生了威胁。这里，个人决策者没有考虑自己的行为可能给别人增加风险。而且下游农民也不愿意使用被上游农民污染了的水，于是他们非法打井，抽取地下水来灌溉自己的田地。结果沼泽沿岸地区布满了2.4万眼非法水井。这些水井会降低流体静力形成的液柱弯月面对盐水浸入的抵抗能力，使该地区内相对肥沃的土地岌岌可危。我们可以看到，忽略外部风险造成了一连串的不良后果。

在复垦卓越项目的努力下，彭甸湿地的现状有望得到改善。复垦卓越项目专门寻找并帮助解决当前的风险问题。目前，该项目正在设法利用彭甸地区的自然资本，同时还在考虑新的补救方案来降低风险水平。水泵和沟渠肯定是不够的，相反，这些措施本身就形成了一定的风险，因为变干的湿地不一定能提高淡水的质量。经过实地考察、政府合作和地区分析，复垦卓越项目形成了一套基本的解决思路，就是将部分沼泽改造为起过滤作用的湿地，让天然沼泽成为“工业过滤器”。这个方法先把沟渠中的水收集在一起，然后让水流过湿地过滤器，去除污染物和沉积物，再将处理过的水分别汇入水渠、地下水和海洋。湿地能够以较低的代价长期处理水，给鸟类、两栖动物和鱼类提供栖息地，补充地下水，而且还可以利用湿地资源开发旅游、娱乐项目。自然资本应充分利用，不能忽略。由于忽视自然资本的作用和外部风险，全球许多农田水洼都存在着类似的污染情况。

美国西部的矿区复垦

美国有60多万个废弃的矿，大都集中在西部地区。这些废矿产生了诸如决堤、地滑、塌方等大量风险。1999—2007年，废弃矿区潜藏的物理危害已造成 33 人死亡。其实，这些矿区最大的威胁是危险化学品溶入水系并渗入集水区。

首先，也是最重要的，这些废弃的矿是忽略外部风险的典型实例，矿业公司没有考虑他们的行为给附近居民带来的危险，科罗拉多州的萨米特维勒矿准确地说明了这一点。萨米特维勒 200 多公顷的土地被矿业公司糟蹋得不成样子，流经矿区的地下水和地表水裹着大量重金属物质流入阿拉莫萨河及其支流，呈酸性的河水中夹杂了砷、铁、铜、铝和锌。众所周知，对于水生动物来说，即使金属含量很低或酸性很低，也会对它们造成危害。在淘金过程中，氰化物堆浸工艺形成的有毒物质沉积在水库中，随着时间的推移，水库里的有毒水逐渐渗入周围溪流，给下游生态带来灭顶之灾。为了解决矿区周围的生态问题，美国政府在萨米特维勒矿区植树造林、堵塞矿井、建设污水处理厂，先后总共耗费了 1.75 亿美元资金，考虑通胀因素后，这笔钱也比当时开采出来的金和银的价值高，完全失去了当时开矿提取资源的意义。如果矿业公司认真对待开采对外部造成的危害，包括多年以后才表现出来的危害，那么污染行为就会被制止，环境就不会被破坏。

另一个例子是蒙大拿州西南部的克拉克福克河流域矿区，这是超级基金的最大规模集中开采项目。这一地区有 500 个地下矿，地下坑道总长度将近 5 000公里，还有 4 个露天矿，包括臭名昭著的伯克莱矿。巨大的伯克莱矿坑后来成了一个湖，湖水中的金属浓度超过水生动物生存标准的 18 000 倍。2005 年，342 只雪雁降落到湖上，可是没过多久全都死了，造成了巨大的生态灾难。之后，矿坑潜在的风险开始引起人们的重视，补救计划纷纷启动。

地下水会从地下裂缝和矿井坑道流入矿坑形成的湖泊，由于没有采取积极的大规模抽水措施，湖面不断上升，这是伯克莱矿最危险的地方。如果湖面上升到一定水平，就会污染周围的蓄水层，周边居民的饮用水就是从蓄水层里天然的地下石缝和采矿时形成的石缝中抽取的。为了确保当地居民的饮水安全，相关部门已经在那里建了一个污水处理厂，湖水高度达到蓄水层时，污水处理厂会立即启用，不过目前还不清楚污水处理厂能否发挥足够的作用。

今天，这些废弃的矿区也是忽略风险结果的例证。对于大多数人来说，废矿的风险不太明显，而处理废矿的成本极其高昂。如果不采取任何措施，就等于人们放任风险结果的发生。另外，许多矿的矿主和经营者早已不知下落，所以要解决废矿问题更是难上加难。

如果要清理这些废矿的话，应该先清理哪些？清理到什么程度？答案显而易见，大部分的矿可能都需要彻底的清理，至少其中一些肯定需要，但是如果不仔细评估成本和收益的话，我们就无法知道究竟要花多少钱，清理会达到什么样的效果。总之，需要大笔资金，但到底需要多少，众说纷纭。据负责监管废矿土地规划的土地管理局估计，到 2013 年，要彻底清理所有重点废矿的话，需要花掉纳税人 1.3 亿美元。一名巡查员主管在报告中称，仅加州的一个地区就需要 1.7 亿多美元的清理资金。清理到底需要多少成本，意见很不统一。美国内务部估计，清理所有危险废矿的成本保守估计是 30 亿美元。政府成立的废矿土地基金从煤炭公司的税款中筹集资金，目前已有近 20 亿美元，但由于预算纷争和官僚壁垒，资金运作受到限制，引起一片骂声。按照规定，这笔钱必须先用来清理废弃的煤矿，然后再以州为单位处理其他类型的废矿。此外，虽然联邦政府的专项资金已经在“预算内”，但现在需要拿回这笔款项以弥补整体的预算赤字。

废矿也反映出了忽视补救措施的问题。以萨米特维勒矿为例，基本所有的补救措施都是拆东墙补西墙的做法，在弥补先前所犯错误的同时又埋下了新的安全隐患。克拉克福克河流域矿区，经过了一个世纪的熔炼、浓缩和废物沉积，地表水、地下水和土壤受到重金属的严重污染。但是小打小闹、不痛不痒式的修补工作无法遏制污染的扩散，金属沿着河岸流入池塘、沉积在堤坝和土壤中，影响范围超过 150 公里。令人欣慰的是，有关方面目前正在采取措施防止危害的进一步发生。环境保护局与阿科公司（ARCO）正斥资 1.2 亿美元治理萨米特维勒矿区，他们已经拆除了一座沉积了许多污染物的大坝，清理了堆满废物的河道，又把受到污染的沉积物运到了超级基金项目的另一个矿区。但是，克拉克福克河流域矿区隐藏着大量潜在风险，当局的这次行动只是把上游的污染物转移到了下游的矿区。只有大规模的综合补救措施才能降低产生环境灾难的可能性和代价。

最后，废矿问题也是统计疏忽的一个例证。目前，整个美国的房地产开发正在向受矿区污染影响的地区和自然系统靠近。由于住宅离矿区越来越近，所以应该及时重新评估潜在风险。萨米特维勒矿的治理已经“接近尾声”，其间环境保护局一直坚持说这一地区离大家很远，尚未达到一定的风险水平。但是，随着住宅用地模式的改变，住宅与矿区空间距离的拉近以及上游污染向下游的转移，难道不应该重新评估住宅面临的潜在风险吗？

结论

哪些基本方法可以杜绝五种错误？对当前风险情况进行细致、周全、负责任的评估是第一要务。对意大利彭甸湿地的大小水洼重新进行的测绘显示，污染范围仍在扩大，但许多人没有意识到污染的持续扩散。有关环境系统的再教育可以帮助公共官员理解风险现象。虽然意大利的官员都很厌恶“沼泽”这个词，但是他们渐渐习惯了这样一个想法：这种新型环境除了本身的污水处理功能之外，还有娱乐和生态价值，这是传统的污水处理厂无法实现的。考虑风险问题，例如彭甸沼泽的潜在危害，需要政治、经济和科技知识，所以，成立一个由多学科专业人员组成的工作团队是全面、准确评估风险的关键。最后，大部分降低风险的战略都需要在思想上从短期政治利益转移到长期环境和经济利益上来。

本章的两个案例关注的都是环境问题，其实，许多类型的社会风险管理中都存在五种错误，包括恐怖袭击和金融危机等。例如，2008 年中国四川汶川大地震之前，如果更好地宣传四川处于活动断层的地震知识，有关方面也许会提高这一地区的建筑标准。结果，地震造成几万人死亡、几百万人流离失所以及几十亿美元的经济损失，这些损失远远超过了地震前用便宜、未经加固处理的砖盖楼所省下来的那点钱。

1998 年，本・拉登的追随者袭击了美国驻东非大使馆，造成几百人死亡。但是美国很快就忘记了历史的惨痛教训，2000 年之后，对美国海岸的潜在恐怖袭击几乎没有引起媒体和政府的注意。直到 2001 年 9 月 11 日，高枕无忧的美国人才如梦方醒。之后便是大量资金的投入和一系列的战争。

2006—2007 年，学术界、监管机构和金融机构本来可以认真评估金融市场的风险水平，尤其是通过难以理解的衍生产品和过高的杠杆率强加给其他方的外部风险。但是，几乎所有人都兴高采烈地忽略了整个金融系统崩溃的可能性和后果，使投资者、金融机构和国家的几万亿美元付之东流。

我们总擅长马后炮。原有的风险此起彼伏，新风险层出不穷，包括禽流感、地动山摇似的金融危机、长期忽视的污染源、气候变化等。遗憾的是，群体和个人都有忽略重要风险因素的倾向，而且经常不考虑哪些是重要的风险因素。因此，我们面临的风险和代价都很高。

第六章 Chapter Six

风险分析的经验：恐怖主义、自然灾害和技术事故

德特洛夫·冯·温特费尔特(Detlof von Winterfeldt)
国际应用系统分析研究所

概述

风险由场景、概率和后果三个要素构成。场景是指在特定的风险情境下可能发生的一系列事件，它是所有相斥事件序列的一个子集；概率是场景的可能性；而后果就是这一系列事件的结果（如人员伤亡、经济影响）。

对风险的这一宽泛定义已经经受了时间的考验，适用于自然灾害风险、技术风险和恐怖主义风险。本章将简要叙述对这三种风险所进行的风险分析的发展历史，然后探讨对恐怖主义进行研究的风险分析者可以从对自然风险和技术风险的分析中得到哪些启示，以及反过来，对自然灾害和技术灾难进行研究的风险分析者可以从对恐怖主义的分析中得到哪些启示。

风险分析的简要历史

很少有人知道当代的风险分析起源于可靠性工程领域。20 世纪 60 年代，航空航天工程师们开始对一些复杂任务的失败概率产生兴趣，比如登月计划。他们用故障分析树形图和事故分析树形图等新的可靠性工具来估测风险。风险分析在航空航天业的发展进程并不是一帆风顺的，期间发生过一些重大失误（如对火箭发射任务的故障率估测不准），不过也有成功的案例（如风险分析者确认热防护层的脱落可能导致火箭发生故障）。

风险分析的突破性进展来自对核电站风险的研究，以及后来由美国核管理委员会于 1975 年发布的 WASH 1400 报告。之前对核电站事故这一“最严重的事件”进行分析的结果是：在这场事故中，数以千计的人死于直接接触高强度的核辐射，以及由低强度核辐射所引起的癌症。核电站的支持者和许多科学家辩称，发生核电站事故的概率极低，足以抵消这些灾难性的后果。于是 WASH 1400 报告就运用了场景、概率和后果这几个概念。这份报告首次对主要工业设施进行了充分的概率风险分析。

WASH 1400 报告的另一个创新就是使用超越概率曲线这个概念。超越概率曲线反映了超出实际后果某些水平的概率（比如超出一定的伤亡数目的概率），该概率能够预测后果。这是个很有用的工具，不仅可以用来描述风险的来源，而且可以全面客观地考虑不同风险的类型，比如自然灾害和技术灾难。图 6—1 就是首次在 WASH 1400 报告中使用的超越概率曲线。在这张图中，超越概率曲线标出了各种灾难超出一定伤亡人数的频率。例如，造成10 000人死亡的溃坝事故发生的频率是每 3 000 年一次。

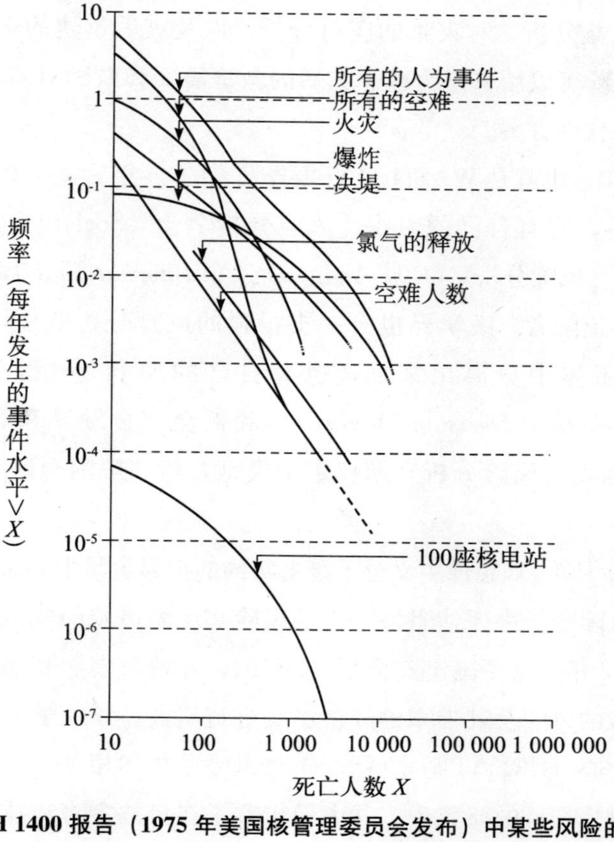

图 6—1　WASH 1400 报告（1975 年美国核管理委员会发布）中某些风险的超越概率曲线

自该报告发布以来，风险分析已经普遍用于评估核电站的安全性和其他工业的风险和安全性。1995 年对哥伦比亚号航天飞机进行了一次重要的风险分析，几年后灾难真的发生了。在当时的分析结果中，热防护层被认为是航天器安全系统的薄弱环节。风险分析还被应用于其他方面，特别是工业加工和存储（如化学、石油、液化气）以及污染物对健康和环境的影响。

同时，在自然灾害领域出现了独立的风险分析。这种风险分析始于吉尔伯特·怀特（Gilbert White）和霍华德·昆鲁斯以及昆鲁斯的同事们。这些研究者首先关注的是诸如地震、火山爆发、飓风和洪水这些自然事件的风险和后果。他们所使用的技术性工具类似于技术风险分析中所使用的工具：对已发生事件进行的数据分析、超越概率曲线、对减灾所投入的成本和降低风险所带来的收益分析、对灾难的应对分析，以及灾后重建的选择方案分析。他们还强调保险可以用来作为减少灾后的救济需要和鼓励对减轻灾难的措施进行投资的替代性方案。

到 2000 年，也就是 WASH 1400 报告发表的 25 年后，风险分析已经是一门成熟的学科，它有自己的组织［风险分析学会（Society for Risk Analysis)］、期刊［《风险分析》(*Risk Analysis*：*An International Journal*)］和众多的多学科的追随者。医学界也有一支很强的风险分析队伍，它是从传统的风险分析团体中分离出来的，也有自己的期刊［《医学决策期刊》(*Journal of Medical Decision Making*)］和例会。金融界和商界也有风险分析工具，如项目风险分析和期权定价模型，对一般的金融和管理交易很管用。

2001 年 9 月 11 日恐怖主义分子袭击纽约的世界贸易中心时，人们自然而然地会借助风险分析来评估恐怖主义的风险和反恐措施的成本和收益。很快美国便于 2002 年成立了国土安全部（DHS），并授命南加利福尼亚大学对恐怖主义所蕴藏的风险及其带来的经济影响进行研究。该大学的恐怖事件风险和经济分析中心（CREATE）立即着手将风险分析和相关的分析工具应用于对恐怖主义风险进行的研究中，并大量借鉴了在自然灾害和技术灾难的风险分析中所使用的模型、数学运算和工具。

这个中心是温特费尔特和其他人共同创办的，2009 年之前温特费尔特一直是该中心的主管。本章讲述了风险分析在恐怖主义的早期研究中的一些经验和教训。尽管恐怖主义风险分析从传统的风险分析中借鉴了许多经验，但是还面临着许多新的挑战，如恐怖主义分子识别我们薄弱环节的能力，以及他们调整自己以适应反恐措施的能力。

自然灾害和技术灾难的风险分析对恐怖主义风险分析者有哪些启示？

为了减少恐怖主义风险，前任 DHS 秘书迈克尔·切尔托夫（Michael Chertoff）主张以风险为导向对政府资金进行分配：

> 我们应当识别并按重要性将风险排序，如威胁、缺陷和后果。然后我们以最具成本效益的方式使用我们的资源……

切尔托夫所提到的风险分析三要素与先前我们所讨论的风险分析三要素——场景、概率和后果——有着密切联系，但是将传统的风险分析框架应用于恐怖主义，情况则有点复杂。首先，“威胁”这个概念不同于罕见的并具有随机性的自然事件或技术事故。一个有头脑的对手会在造成最大破坏的时间和地点伤害我们，而且这个对手会主动调整自己来适应我们的防范措施，有时候甚至会利用这些防范措施来达到自己的目的。因此，一些分析者指出传统的风险分析并不适用于恐怖主义，在对策和相关的训练中应该寻找新的模型和工具。

在恐怖事件风险和经济分析中心，研究者们探索了包括对策和传统的风险分析在内的几种方法。根据传统的风险分析，该团队开发出一个将威胁和缺陷作为恐怖主义风险分析新要素的体系。该体系与之前兰德公司提出的体系有密切的联系。在这个体系中，“威胁”被定义为一次可能发生的恐怖主义攻击的场景，“缺陷”被定义为攻击得逞的概率，而“后果”被定义为如果攻击得逞的话，所造成的人员伤亡数目、经济影响和心理影响。

识别并量化威胁似乎是最困难的。这支 CREATE 团队大量借鉴了军事上的理念，例如用“红队”（一种战争游戏法，其中“红色玩家”扮演攻击者的角色，“蓝色玩家”扮演防御者的角色）来演示可能出现的攻击场景，根据情报识别恐怖主义分子的意图和能力以及他们可能采取的攻击路线。我们也使用了项目管理的理念和工具来设计计划周密的攻击，并分析其失败和得逞的风险。

再现恐怖主义事件的一个有用方法是拓展游戏（模拟防御者和攻击者的一系列行动），在这里攻击者会对我们的防御措施有所反应。这种方法的第一次应用是对 MANPADS（Man-Portable Air Defense Systems，便携式防空系统，即地对空导弹）的反制措施进行成本和收益的分析，这些反制措施是建议用来保护美国境内商用飞机的。

图 6—2 是在对 MANPADS 进行的分析中防御者—攻击者的决策树形图：是否在商用飞机上安置 MANPADS 反制措施。这些反制措施是导弹的检测装置，所使用的是能使红外制导系统偏斜的激光器。这些装备不仅价格昂贵（仅美国 5 000 架大型商用飞机的生命周期成本就需要 300 亿美元），而且效用不大。（使导弹偏斜的实际有效性属于机密，但是只要效用低于 80%就说明反制措施无法达到实际目的。）

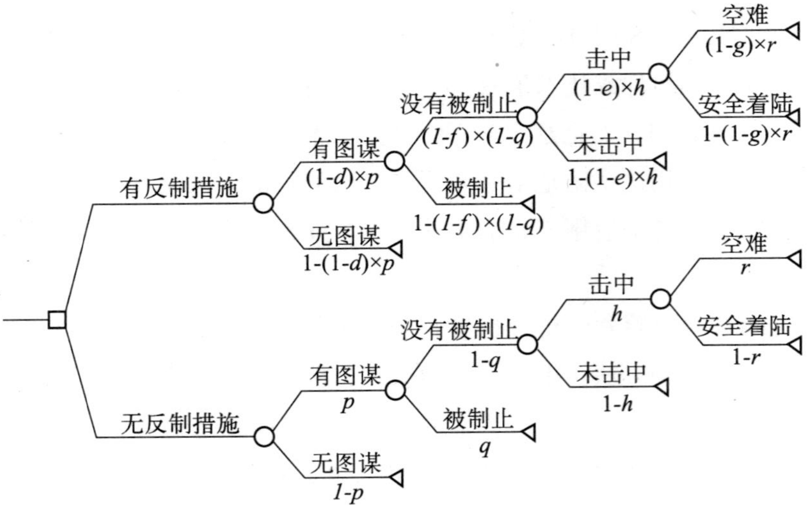

图 6—2　针对 MANPADS 的防御者—攻击者树形图

在这个树形图中，方块表示决策者掌控下的机会节点，圆圈表示决策节点，三角形表示后果。由节点引出的若干条细支下的符号表示反制措施的概率或效用。数值表示该措施达到的结果，在每个细支的末梢都不相同。

如果某个机会节点表明，未来十年里恐怖主义组织将试图发射导弹，那么我们就会采取反制措施。恐怖主义攻击的概率取决于是否决定采取反制措施。“无反制措施”用 p（在一定范围内参数不同）表示；“有反制措施”用（$1-d$）$\times p$ 表示，在这里 d 代表反制措施的威慑效果。如果威慑效果达到90%，那么恐怖主义攻击的概率就会减少1/10。

树形图的其他部分描述了企图对一架商用飞机的MAXNADS发起攻击的情况：这次图谋可能会被制止，如若不然，发射的导弹要么击中飞机，要么没击中。如果击中了飞机，就会有一场空难；没击中的话，飞机将安全着陆。如果不采取反制措施，各种情况发生的概率都在树形图的分支下标出来了。采取反制措施（树形图的上半部分）的话，这些概率将说明反制措施的作用。例如，被导弹击中的概率 h 将降低至（$1-e$）$\times h$，e 代表采取反制措施使导弹偏斜的效用。

这个对MANPADS进行的分析说明了处理某一未知（或高度不确定性）威胁的可能性。我们没有估计对MANPADS发起攻击的概率，而是确定概率的参数，进行敏感度分析，而敏感度是在0～100%之间变化的。在这样一个大范围内我们也可以从MANPADS反制措施的成本效益中得到重要启示。分析表明，如果生命周期的总成本为300亿美元的话，那么这些反制措施就没有成本效益。图6—3分析了对MANPADS的一次攻击将对国民经济造成的影响以及发生的概率，这两个因素在一个大范围内变化。考量每对成本和概率，决定采取预期成本最低的行为（采取反制措施或不采取反制措施）。在该图的左下部分（低概率、低经济影响），不主张采取反制措施。如果主张采取反制措施，则攻击发生的概率必须很高（比如，十年内高于50%），对经济的影响必须很大（高于2 000亿美元）。大多数合理的估测都低得多，这表明反制措施并没有成本效益。可能由于这个分析结果，DHS的MANPADS计划最终被取消了。

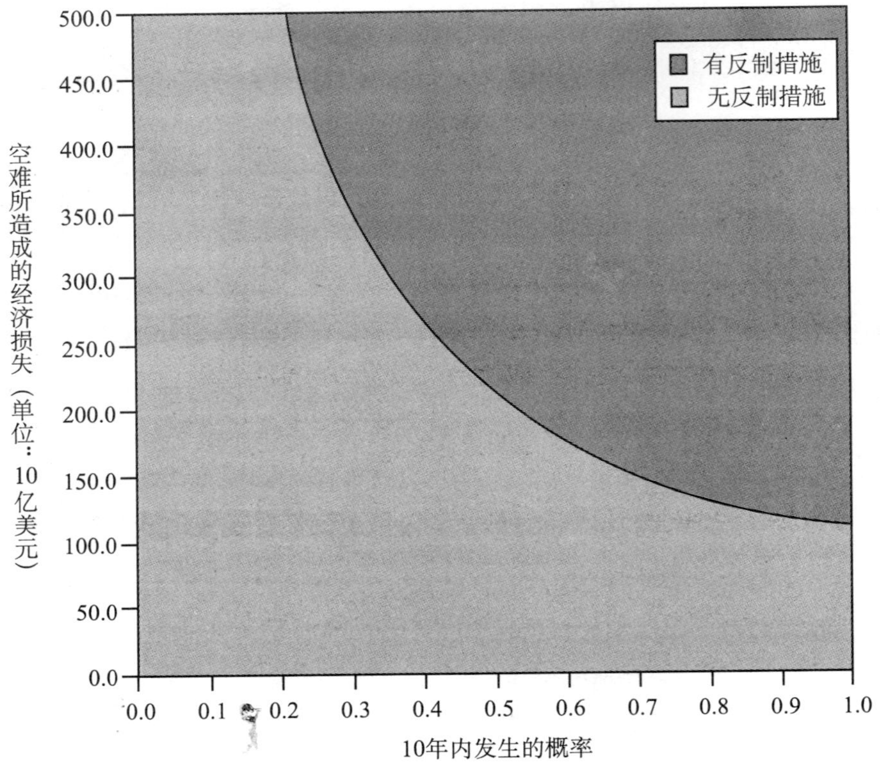

图 6—3　在图谋得逞的情况下，对 MANPADS 发起攻击的概率及其经济影响的分析（假定反制措施的生命周期成本为 300 亿美元）

在对自然灾害和技术灾难的分析中，我们并没有考虑到造成这些初始事件的动机，这些动机是不明确的、随机的。（此处排除对技术系统的蓄意破坏，这种破坏在本质上类似于恐怖主义。）在恐怖主义中，就恐怖主义分子可能采取的行动而言，他们的动机很重要。因此 CREATE 很大一部分工作都是在研究恐怖主义分子的动机。运用合理的决策者框架，我们明确了恐怖主义分子的价值观和目标，以及对他们的偏好进行量化的概念框架。

根据恐怖主义分子试图利用我们的弱点这个假设，恐怖主义风险分析涉及系统风险、相互关联和相互依存的系统，以及初始事件对经济的涟漪效应。因此 CREATE 和其他组织试图使用经济工具（投入产出模型和可计算一般均衡模型）和行为研究来量化这些更广泛的风险。

在对恐怖主义进行风险分析的十年中，我们总结出以下几条主要经验：

1. 威胁场景和概率仍是恐怖主义风险分析中最有问题的地方。研究恐怖主义分子的动机和能力，并采用专家的判断来评估由于他们对我们的防御政策作出反应而带来的相关威胁的可能性，这样做应该是有效果的。

2. 自适应的和动态的决策树形图似乎是研究恐怖主义风险的好方法。在这些树形图中，防御者的行为被优化，恐怖主义分子的行为被转化成概率，但是具有适应性，如图 6—2 所示。

3. 缺陷可以被量化成攻击得逞的概率。这一操作方法避免了如果将缺陷定性为被攻击的系统特性所导致的许多复杂情况，但是这取决于特定的攻击场景。

4. 后果分析对恐怖主义分子的行为、自然灾害和技术灾难应该是相似的。初始事件发生时，事件的发展进程、正在释放中的动因的扩散，以及最终的伤亡状况和直接的经济影响，这些都很好理解。传统的模型也一样。

5. 在恐怖主义事件中，间接的经济影响可以很大，这主要是因为人们害怕再次发生攻击而在行为上有所变化。例如，在“9.11”之后，乘飞机的人数显著减少，这一总体的经济影响超过了世界贸易中心被摧毁和大批人员遇难的影响。

恐怖主义风险分析对自然灾害和技术灾难的风险分析者有哪些启示？

恐怖主义风险分析者所使用的三种新方法可以改进对自然灾害和技术灾难的风险分析。

- 使用红队法来丰富场景；
- 强调系统之间的相互关联性、相互依存性，以及系统性故障；
- 分析对灾难的行为反应。

与第一点相关的是，灾难性事件发生之后风险分析者认为有多少因素是“出乎意料”的，这是非常有趣的。例如，2005 年新奥尔良发生的卡特里娜飓风摧毁大堤一事，很多人对此并不感到意外。美国军方专家组在修建该防洪体系时并没有考虑到堤坝的隐患。为了提高风险分析者“预测意外”或“预知未知”的能力，一个团队中既要有传统的风险分析者，又要有熟悉红队法和反事实加强（该方法在军事和情报组织中得到普遍运用）的风险分析者，这个方法很有效。

例如，试想一下映射核电站安全壳（通常是圆顶结构的混凝土装置，里面是反应堆堆芯，该装置能防止核辐射外泄）压力的概率函数与故障概率之间的关系。最初问工程师时，他说在低于每平方英寸 120 磅的压力下，该安全壳爆裂的可能性为零。当有人质疑时，他说该设计的承受压力是每平方英寸 100 磅，如果给予充分保护的话，每平方英寸可以再承受 20 磅的压力。有人告诉他有证据表明，如果每平方英寸的压力达到 90 磅的话，该安全壳会爆裂。这个人要他解释一下为什么会出现这种情况，尽管这个“证据”是捏造出来的。这位专家立刻回答道：“这很简单。这肯定是钢筋或混凝土的问题。”后来，他把对“零风险压力”的估算降为每平方英寸 90 磅。正是这种反事实加强的思考方式使得红队和情报分析者能够影响传统的风险分析。

恐怖主义风险分析者对系统关联性和动态交互作用进行了大量的研究，特别是对基础设施的薄弱环节。另外，进行恐怖主义风险分析时经常要考虑到针对系统不同部位进行的多方位攻击。例如，对区域电网的攻击可通过下面几种方式：破坏变电站、切断主要的传输线，或对电网的控制系统进行网络攻击。这样，在恐怖主义风险分析中我们就会积累有关相互连接的耦合系统的经验。这对其他类型的风险分析是很有帮助的。

2008 年和 2009 年的系统金融风险是研究耦合动态系统的另一个方面。没有一位自然灾害或技术灾难的风险分析者或恐怖主义风险分析者做好充分准备应对这次危机。总的来说，传统的金融风险分析者不仅忽视了极端事件，而且也低估了世界金融系统的涟漪效应。对系统系风险和紧密耦合的、相互联系的和相互依赖的系统有更深入的了解，对未来的各种风险分析非常重要。风险分析者将与网络理论家、动态系统的模型构建者以及行为研究者一起为这些系统风险开发出合适的模型。

在所有的风险分析中，理解和预测人类行为是很重要的一个方面。因为恐怖分子试图在人们心中营造一种恐惧和不安全感。行为转变是分析恐怖主义所造成的心理和经济影响的重要方面。研究表明，“9.11”恐怖袭击对航空旅行行为的影响是：航空业损失了 1 000 亿～2 000 亿美元的 GDP，这是由于人们害怕搭乘飞机，乘飞机的人数变少，以及该袭击在整个经济中产生的涟漪效应。同样，对洛杉矶港和长滩港两大港口的脏弹袭击造成的损失高达每月 260 亿美元，这是因为人们害怕辐射和港口被关闭。自然灾害和技术灾难对未来影响的研究应该包括对灾难所造成的心理、商业和宏观经济的影响的评估，这点很重要。

结论

风险分析是一门成熟的学科，有理论、模型和能量化大范围风险的技术，从自然灾害到技术事故再到恐怖主义。风险分析可以向政策制定者提供有关减少风险的措施的成本—收益情况。

当风险分析者首次尝试将他们的方法应用于恐怖主义时，他们大量借鉴了传统方法，包括事故分析树形图、故障分析树形图和决策树形图。他们也发现需要修正风险分析，因为与自然和技术不同，恐怖分子不是不明确的，他们的行为也不是随机的。相反，他们是蓄意的、适应性强的敌人。动态的和适应性的决策树形图被证明是研究恐怖主义风险的有效手段。而其他建立在博弈论和决策论基础上的方法，目前正在开发和测试中。

正如同恐怖主义分析者能够从传统的风险分析中得到启发，反过来也是如此。红队法，对风险在相互连接、相互依赖的系统中所产生的涟漪效应的分析，对行为反应作为驱动后果的关键因素的分析，这些方法目前在对恐怖主义进行的风险分析中很普遍，对传统的自然和技术的风险分析也很有助益。

全世界将永远记得发生在 21 世纪头十年的三大极端事件：恐怖分子袭击纽约世界贸易中心，造成 3 000 人丧生并改变了一个国家应对自己安全环境的方式；东南亚的海啸，造成 300 000 人丧生，改变了我们特别是发展中国家应对自然灾害的方式；2008 年和 2009 年的金融危机改变了我们应对世界范围内系统性风险的方式。这三大事件表明风险分析需要更完善、更周全，风险分析要考虑到极端事件、相互联系的系统，以及放大灾难后果的行为反应。

第七章 Chapter Seven

转危为机:2003年后中国突发事件应急管理体系的重新构建

薛澜,清华大学公共管理学院

钟开斌,国家行政学院

概述

本章概述了中国在2003年严重急性呼吸综合征（非典型肺炎，下文简称“非典”）疫情之后，构建新的国家应急管理体系的各种努力。原有的应急管理体系的弊端，妨碍了中国对“非典”疫情的应对，充分证实了它在处理不可预期的重大灾难时的脆弱性和缺陷。因而，在“非典”危机结束后的几年时间内，中国政府采取了许多措施，迅速构建突发事件的国家应急管理体系。对由不同政府机构处理不同类型突发事件的既往实践进行了改革，取而代之以系统的方法，构建一个以风险为基础的、覆盖所有类型风险的、一体化的国家应急管理体系。新的国家应急管理体系以四个关键要素为基础：国家和地区层面的突发事件应急预案；致力于协调各级政府和机构行动的突发事件应急管理的机构体制；处理上述活动的运作程序；以及突发事件应急管理的专门法律（《中华人民共和国突发事件应对法》）。2008年中国遭遇的重大灾难和中国新的应急管理体系对灾难的应对，已经表明了这一新体系的有效性，这些灾难也同时对中国当前的应急管理体系提出了新的挑战，指明了未来改革的方向。

引言

1949年中华人民共和国成立以来，中国政府逐步形成了突发事件的国家应急管理体系。这个体系就是第一代国家应急管理体系，采取的是条块分割的方式，风险和灾难的治理都是由不同的部委或机构负责。比如，国家地震局负责处理与地震有关的灾难；国家气象局负责与气象有关的灾难应对；水利部负责洪灾和旱灾的应对；卫生部负责传染病或与公共健康有关事件的处理；公安部负责恐怖犯罪威胁和公共安全事件的处理。中国各级地方政府也存在此类相应的机构。第一代国家应急管理体系的主要特点在于，部门垂直控制强而水平协作弱。

传统的突发事件国家应急管理体系（即第一代国家应急管理体系），在应急规划、减灾和灾后重建方面对常规的自然灾害和人为灾难比较有效，因为负责应急管理的决策者对相应的灾难比较熟悉且有经验。比如，在应对 1998 年长江洪灾时，在国务院的领导下，中国发动了过去四十年内最大规模的社会动员。1998 年长江洪灾导致了 3 000 多人死亡、230 万人受到影响。国家领导人亲临洪灾前线，超过 28 万解放军战士和 500 万预备役军人参与了中国南方省份的抗洪救灾工作。然而，面对“非典”疫情那样非常规的、不可预期的重大灾难时，传统的国家应急管理体系的弊端凸显了。2002 年 11 月至 2003 年 2 月，“非典”病例从广东省蔓延至中国香港和内地许多城市，传统的应急管理体系反应迟缓且应对不力。在此之后，中国领导人才开始做出果断决策。

“非典”危机的初期，传统的突发事件国家应急管理体系没有作出有效的应对。“非典”这一严重传染性疾病也为中国政府改革国家应急管理体系提供了强烈的动因。“危机”一词的中文意思含有两个要素：一是危险，二是机遇，这也反映了中国人对危机性质的辩证理解。2003 年“非典”危机之后，中国致力于重新构建其国家应急管理体系，这是阐释“危险”怎样可以被转化为“机遇”的一个极好的例证。

“非典”危机之后不久，中国政府改革了原来由不同部门负责不同类型突发事件的实践，采取了系统化的方法，旨在构建一个综合的国家应急管理体系。本章首先提供分析中国应急管理体系的一般性背景介绍。然后，评析传统的国家应急管理体系的弊端，论证传统体系的这些弊端到底怎样妨碍了中国对“非典”危机的应对。接着描述 2003 年后中国政府和社会构建国家应急管理体系的各种努力。最后，分析现行应急管理体系面临的各种挑战，并指出构建第三代国家应急管理体系需要采取的各项改进措施。

传统的突发事件应对模式的缺陷：从抗击"非典"疫情得出的教训

2002 年 11 月中国广东省佛山市发生第一例"非典"病例时，没有人会料到这一急性传染病会在几个星期内扩散到中国的 24 个省、自治区和直辖市，最终导致世界范围内 37 个国家的居民受到影响。依据世界卫生组织的报告，"非典"病毒在 2003 年 6 月得到控制之前，已经导致世界范围内 8 098 人受到感染，774 人死亡，大部分患者都在亚洲。据官方报道，仅中国就有5 300多人受到感染，349 人死于这一疾病，其中一半以上的病例出现在北京。北京是世界上遭受"非典"疫情冲击最严重的城市。

"非典"这一传染性疾病代表了全球社会在 21 世纪面临的一种新型威胁。"非典"危机的初期，中国政府部门——尤其是广东省政府和中国卫生部因在最初四个月内隐瞒关于"非典"病毒的相关信息而受到批评。"非典"疫情首先发端于香港西北方向、距离香港 95 英里的佛山市。人们诧异于为什么"非典"这一疾病爆发于 11 月，而中国领导人却在第二年的 4 月中旬才开展决定性的行动应对疫情危机。面对"非典"疫情的挑战，中国政府的应急管理反应迟钝，这显出了中国第一代（传统的）国家应急管理体系的缺陷。这些缺陷正是本章需要分析的地方。

有组织的认知能力低

在处理公众熟悉的、日常的灾难时，传统的第一代国家应急管理体系具有优势。这些灾难具有一定程度的规律性，因而便于政府决策者和相关政府机构进行预测和做好相应的准备。比如，洪灾、旱灾、地震、涨潮等自然灾害在中国是常见现象，也是可预测的灾难，中国政府和领导机构通常会提前准备意外事故的预案，在意外事故发生时予以实施。然而，当遭遇非常规的灾难时，政府面临的最大挑战便是做出风险预测、诊断和评估。对非常规灾难进行应急管理的核心问题是确认问题和做出独特的反应，并且在问题诊断、沟通和协作过程中形成相应的处理危机的技巧。面对此类非常规突发事件时，事先确定的应对措施可能不充分并且可能有反作用。“非典”疫情碰巧是21世纪出现的第一起严重的、能轻易传染的新疾病。

确认一种新病毒并不容易，在最初爆发“非典”疫情的中国南部确认这一新病毒尤其困难。科学家们发现这一地区是许多流行病爆发的起源地，家畜与人类的密切接触使得这一地区适宜产生新的疾病种类。这一地区每年都会产生疾病的新变异类型，这导致地方的卫生官员们难以确定哪些变异类型重要，哪些不重要。当每个月有100个病人因为感染严重的肺炎入住重症监护病房时，对于任何一家地方医院而言，都难以确认这一新的非典型肺炎病毒。由于没有充分确认和处理“非典”这一新的危险疫情，广东省政府和卫生部的官员认为这一疾病是丧失活性后果的非典型肺炎。官员们过于乐观地估计了他们控制情势的能力。即便到了2003年2月9日，当时已经有305例“非典”病例得到确认（其中105名是医护人员），中国卫生部门的官员依然坚称，依据流行病学和临床症状分析，这一流行性非典型肺炎是可以预防、可以控制的，也是可以治疗的。因此，关于这神秘疾病的最初传言在2002年底骤然消停，之后这一神秘的疾病似乎消失了。直到2003年初，这一疾病的病例重新出现在越南和香港。

由于“非典”疾病最初限于广东这一个行政管辖区域，国家范围内的突发事件应急管理体系直到2003年4月之前都没有启动。直到4月8日，中国政府才明白这不再是一个地方现象，而是一种具有严重不利后果的新疾病。中国卫生部开始将非典型肺炎列为法定的传染病。4月20日，当“非典”疫情这一最初源于中国内部的公共健康危机失去控制，威胁到全球人类健康和经济稳定时，中国政府开始采取迅速果断的措施，抑制“非典”疫情的传播。然而，此时“非典”疫情已经传播到中国的很多省份和几十个其他国家。因此，政府对“非典”疫情严重性方面的认识不力和对自身控制疾病的能力过于自信，共同导致了中国应急管理体系没有尽早对这一危机做出反应。

机构间缺乏沟通与协调

“非典”疫情也表明了北京和广东的卫生部门之间、不同的政府机构之间、民用和军队部门之间缺乏沟通与协调。2003 年抗击“非典”疫情的初期，机构之间和不同地区之间的矛盾是一个重大挑战。关于“非典”病毒和随后的死亡病例的信息，因为机构之间相互推诿和利益保护主义而延迟，这也妨碍了地方政府和机构之间的应急管理协调。

不同部门和地区之间的矛盾是导致北京市在“非典”疫情初期没有妥当进行应对的主要原因。北京是中国政治和文化首都，北京的这一特殊地位使得其必须处理北京市与中央政府之间的各种冲突。“非典”危机的最初阶段，广东省政府没有与北京或其他受影响的地区分享信息。广东省政府自 2003 年 1 月初就知道了非典型肺炎这一致命性的疾病。广东省 2003 年 1 月份发布了关于“非典”的指南，但指南的措辞非常模糊以避免破坏新年假期。1 月底，广东省的领导正式向北京报告了“非典”疫情，但是少报了这一疾病的传染率，而且建议北京市政府对媒体封锁消息。军队也没有与北京市政府公开及时地分享关于“非典”疫情的信息。有证据表明，2003 年 1 月的时候，至少位于北京的中国人民解放军总医院已经意识到了这一疾病的严重性。然而，这些信息没有及时分享给北京市政府。依据中国的法律，军队没有义务向当地政府汇报疫情。

信息披露和公众沟通不充分

发生灾难时，中国政府过去通常的做法是严格控制向公众披露的信息，“以避免造成混乱和恐慌”。有的官员将这种高度控制解读为“内紧外松”，意思是“内部严格要求，互通信息，但是注意社会氛围，使得从外部看起来比较镇静”。这一政策在过去相对而言比较起作用。因为当公众获取信息的渠道很窄而且受到严格控制时，政府能在灾难时期表面上转移公众的恐慌，将社会情绪的波动降到最低。然而，时代在改变。在当今全球化和信息化的世界，以控制和管理信息流通为基本特点的突发事件应急管理体系与信息常态化和无线化的社会之间存在日益加剧的对立。现代通信技术令信息的自由流通发生了革命性的变革，使得传统上高度控制信息流通的做法被淘汰。当危机的实际情况远非政府所描述的那样时，这会使中国政府更难将危机描绘为已经完全受到控制的局部小事件。

缺乏与社会公众的有效沟通，这在“非典”疫情的初期尤为明显。尽管政府声称“非典”这一疾病得到了有效控制，但是“非典”病例迅速扩散至中国的其他地方。公众信息的缺失导致民众对这一新疾病产生了困扰。据2003年2月12日的一项调查表明，广东省的省会城市——广州有将近一半的市民是从自己的朋友和亲戚那里获得关于“非典”的信息，海外媒体也是公众获取信息的重要渠道。对中国四大最重要的主流新闻媒体《人民日报》、《光明日报》、中央电视台和《中国日报》关于“非典”的报道数量做一个比较分析可知，这些主流的大众新闻媒体在4月底之前很少有关于“非典”疫情的报道。

“非典”疫情的初期阶段，中国卫生部坚称，尽管存在一些小问题但是总体上“非典”疫情得到了控制。比如，依据中国卫生部2003年4月6日的报道，北京有19人感染了“非典”，4人死亡，广东省上一个月“非典”的感染率已经下降了一半。然而，公众和世界卫生组织并不相信这些数据。一位叫蒋彦永的中国军医采取了非同寻常的一步，公开质疑中国卫生部的数据，声称仅北京的四个军队医院就有至少9例死于“非典”的病例。

中国境内民众日益加重的担忧，与国际社会对中国应对和抗击“非典”疫情的批评相呼应，也伴随着医院和官员们掩饰“非典”疫情爆发的真实状况的信念。直到4月20日，中国的中央政府采取措施对“非典”这一传染疫情的真实情况进行调查，并采取了广泛措施以限制这一疾病的扩散，包括将中国卫生部部长和北京市市长撤职，向公众和国际社会彰显中国政府对“非典”疫情的负责任态度和透明度。在此之后，中国卫生部才逐步重新获得声誉和公众对它的信心。

构建新的国家应急管理体系：“非典”之后中国的第二代国家应急管理体系

大量著名的政策研究指出，对事件的关注能为政策的改革提供机遇——一旦受关注的事件被提上了政策议程，就会得到决策者们的极度关注，这将导致和形成新的机构安排以防止未来此类问题重现，并且确立和维持政策之间的平衡。尽管“非典”疫情是 2003 年 3 月完成领导层过渡后中国新一届领导层面临的第一个重大挑战，“非典”危机也为新一届领导层推行新的政治议程提供了机会。成功抗击“非典”疫情后不久，中国新领导层就敦促制定和通过更加有力的措施，以加速改善中国的公共卫生系统。2003 年 6 月 17 日，国务院总理温家宝在主持召开关于公共卫生体系的专家会议时指出，中国必将从危机的损失中恢复过来，持续取得进步——最重要的一点是向过去的经验教训学习。

“非典”危机之后，中国领导人意识到，提升应急预案和应急管理的能力刻不容缓，尤其是提升地方政府的相关能力。因此，中国采取了系统方法构建一个以风险为基础的、包括了所有灾害的、综合性国家应急管理体系。中国第二代国家应急管理体系以四个指标为基础：国家和地方各级的突发事件应急预案；协调各级政府和机构进行应急管理的机构体制；处理上述活动的运作程序；以及突发事件应急管理的专门立法。

为突发事件应急管理体系创设新的全国性机构框架

在中国创设健全的突发事件应急管理体系的一个主要动议是为国家应急管理创设新的机构体制。依据 2007 年 11 月 1 日生效的《中华人民共和国突发事件应对法》，中国开始建立以“统一领导、综合协调、分类管理、分级负责、属地管理”为主的突发事件应急管理体系。

2005 年 12 月，国务院突发事件应急管理办公室正式成立。该办公室为综合协调突发事件应急管理提供了框架，包括指导应急演练、预警、应急处置和应急保障等内容。应急管理办公室发挥运转枢纽作用，保证机构之间的联络畅通，确保国家层面所有突发事件的应急管理和通过国务院进行的国家安全规划活动顺利进行。应急管理办公室承担国务院应急管理的日常工作，应对公共安全事件，及时收集汇总信息，协调人力、财政、物质资源、交通、医疗、通信等各相关部门的活动。在应对突发事件的工作中，必要时设立专家组为应急管理决策提供建议。至 2005 年底，卫生部已经在中国 27 个省、自治区和直辖市设立了应急管理办公室。

基于这种新的系统模式，各类突发事件可以分为四类：自然灾害、事故灾难、公共卫生事件和社会安全事件。国务院是管理公共突发事件和做出应急处置的最高行政机构。每一类突发事件都有相应的一个国家级的政府委员会负责应对：国家减灾委员会负责管理自然灾害应对；国家安全生产委员会负责处理工业事故灾难；国家食品安全委员会处理公众卫生事件；国家综合管理委员会负责社会安全事件的应急管理。“一个办公室四个委员会”构成了中国基本的灾难应急管理体系。

此外，相关部委已经设立了常设性的应急管理机构。比如，卫生部下设的卫生应急管理办公室、中国疾病预防控制中心，民政部下设的国家减灾中心，国家安全生产监督管理总局下设的国家安全生产应急救援中心等。过去几年，针对上述四类突发事件应急管理的地方性应急管理中心和委员会也逐步建立。因此，在结合了垂直和水平机构的统一领导下，中央和地方的不同机构共同合作进行应急管理。这一应急管理体系下，中央机构负责从上到下的垂直管理，地方政府机构则对灾难进行日常监测和处置。

2003 年“非典”危机后制定形成的新一代突发事件应急预案将突发事件划分为四个等级。除国家立法、行政法规和国务院另有规定，按照突发事件发生的紧急程度、发展势态和可能造成的危害程度，分别用蓝色、黄色、橙色和红色代表突发事件从最低到最高的危险等级。为应对这四类灾难而设计了“统一领导、多级管理、多级负责”的行政模式，以便权力和责任由各级政府分享和归责。这意味着从最严重到最不严重的各类突发事件分别是由中央、省、市和县政府负责应急管理。图 7—1 是中国第二代国家突发事件应急管理体系的新机构框架。

制定全国范围的突发事件应急预案

构建第二代国家突发事件应急管理体系的新体制的同时，中国政府也将发展和健全国家应急预案体系作为重要内容。应急预案体系涵盖全国各级政府应处理的突发事件。（1）中国国务院负责起草国家突发事件总体应急预案；（2）国务院有关部门根据各自的职责和国务院相关应急预案，制定国家突发事件部门应急预案；（3）省级、市级和县级政府以及地方各级人民政府有关部门根据有关法律、法规、规章，制定相应的突发事件应急预案。此外，下级政府制定突发事件应急预案时，应当确保符合上级人民政府及其有关部门的应急预案。

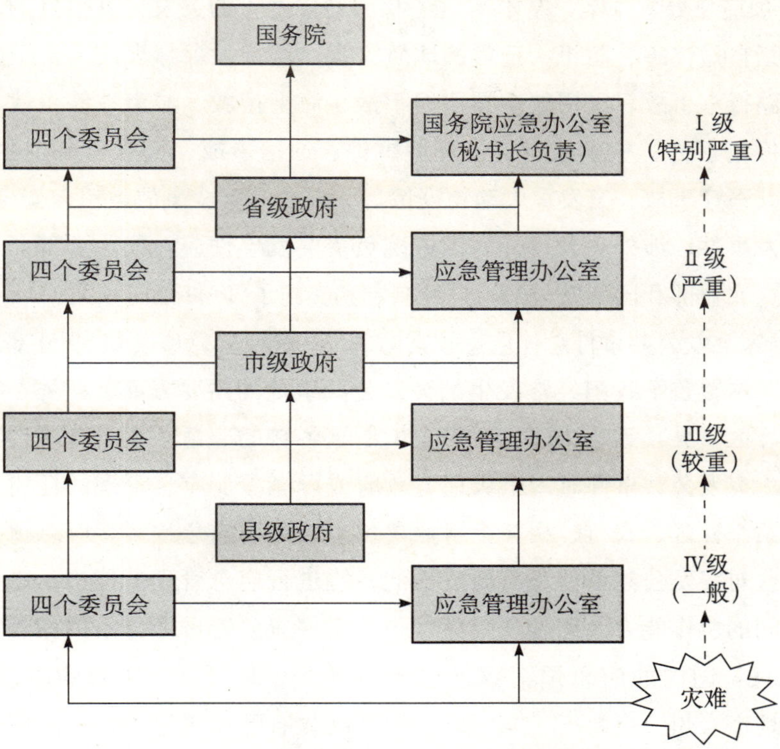

图 7—1　中国第二代国家应急管理体系的新机构框架

2003 年 12 月，中国国务院开始着手制定《国家突发公共事件总体应急预案》，为中国各类突发公共事件的防范和应急管理提供指南。经过一年的努力，国务院基本上完成了总体应急预案的编制工作。这一新的总体预案是全国应急反应体系的总纲和标准。如果发生突发公共事件，中国政府将迅速启动有效的应急处置体系以确保人民的生命与财产安全。总体应急预案强调确立以突发公共事件的分类管理、各级政府承担责任、专业技术部门与各级地方政府合作与协作、各级地方政府负责制定应急预报为基础的突发公共事件机制；还强调建立统一指挥、反应快速、运转高效的应急处置机制。总体应急预案明确了公共安全事件的分类和框架，规定了重大突发公共事件的组织体系、工作机制。

因此，总体应急预案已经成为全国突发公共事件的应急处置机制的总纲。在编制完成《国家突发公共事件总体应急预案》后，国务院还制定和发布了25件专项应急处置预案，基本覆盖了我国经常发生的突发公共事件的主要方面，包括自然灾害、防汛、地震、地质灾害、重特大森林火灾、安全生产事故、铁路行车事故、民用航空器飞行事故、海上搜救、城市地铁事故、电网大面积停电事件、核事故、突发环境事件、通信事故、突发公共卫生事件、突发公共医疗事故、突发重大动物疫情、重大食品安全事故、粮食安全事故、金融突发事件、涉外突发事件。国务院负责突发事件应对的主要部门，比如卫生部、农业部和国家安全部，已经制定和实施了80件部门预案。

《国家突发公共事件总体应急预案》，25件专项应急预案和80件部门应急预案，基本覆盖了我国经常发生的突发公共事件的主要方面。此外，我国的省、市、区（县）等各级地方政府也编制了各自的应急预案。这些预案规定了在重大突发公共事件时，市级地方政府或可能参加应急管理的任何企业的行动方案。社区、农村、相关企事业单位也应编制应急预案。应急预案既增强了那些对突发公共事件负首要责任的机构进行应急管理的能力，也提升了机构之间的协作能力。据国务院突发公共事件应急管理办公室的报告，截至2007年底，国内的应急预案数量已经超过了130万件。所有的省级政府，98%的地市（州）级政府、93%以上的县级政府已经制定了各自的应急总体预案。截至2009年3月，中国编制了51件国家应急预案。此外，138个重点国有企业、所有采矿和化工企业也已经编制应急预案。图7—2表明了中国应急预案的总体情况。

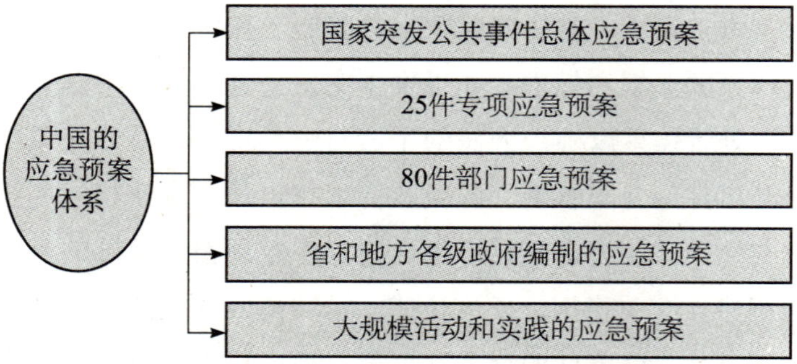

图7—2　中国应急预案体系

完善突发事件应对机制

构建综合性的突发事件应急管理体系，中国政府还需要改进和完善应对突发事件的运行机制。依据《国家突发公共事件总体应急预案》和《中华人民共和国突发事件应对法》，应对各类突发性灾难时，中国应适用标准的运行程序。运行机制由下列内容组成：突发事件的预防和应急处置的准备与演练，监测与预警，应急处置和救援，事后的恢复与重建。中国大力推动整合部门之间和地方机构之间的突发事件应对行动。法律规定，灾难期间，各级应急管理委员会和应急管理办公室负责应急处置，有权组织和协调相关部门和社会机构之间的应急处置行动。上述机构和部门应当与民政部门、公共安全部门、卫生部门、军队等机构共同致力于快速应对突发事件。依据“分级负责、属地管理”的模式，不同级别的突发事件由不同级别的政府负责处置。情势越严峻、突发事件的等级越高，就由级别越高的政府负责应对和处置。通过这种方式，部门间的水平机构被整合在一起，确保救援力量、救援物质、资金和信息能及时满足应急处置的紧急需要。

2003 年“非典”危机之后，中国关于应急管理的信息报告和分享体系也得到了重构。2003 年 5 月 7 日，国务院通过了《突发公共卫生事件应急条例》。该条例制定了突发事件应急报告规范，建立重大、紧急疫情的信息汇报制度。该文件第 21 条规定“任何单位和个人对突发事件，不得隐瞒、缓报、谎报或者授意他人隐瞒、缓报、谎报”。2003 年 11 月 7 日，中国卫生部发布了《突发公共卫生事件与传染病监测信息报告管理办法》。依据《国家突发公共事件总体应急预案》，如果发生Ⅰ级（特别严重）或Ⅱ级（严重）突发公共事件，应当在 4 小时内向国务院汇报。《中华人民共和国突发事件应对法》第 39 条也规定，“有关单位和人员报送、报告突发事件信息，应当做到及时、客观、真实，不得迟报、谎报、瞒报、漏报”。相应的，2007 年 12 月 30 日，国务院办公厅印发了《关于加强和改进突发公共事件信息报告工作的意见》，该文件规定了灾难通报的条件、程序和时间要求等详细内容。

意识到政府与公众之间保持有效沟通渠道的重要性，中央政府要求国家部门和省级政府机构在危机处理期间设立“发言人和新闻通报制度”。2004

年，国务院有 70 个部委机构和 20 个省级政府设立了灾难时期与公众负责沟通的发言人。2008 年 5 月 1 日，《中华人民共和国政府信息公开条例》生效施行。该条例规定，各级人民政府及县级以上人民政府部门应当建立和健全本行政机关的政府信息公开工作制度，并在各自行政机关内设立政府信息公开工作机构（负责本行政机关政府信息公开的工作）。2005 年 8 月，中国区分了关于人为事故和自然灾害的信息，改变了过去存续多年的信息通报实践。从 2006 年 1 月 1 日开始，有关突发公共事件的国家应急管理信息，可以通过政府网站进行查询（http：//www. gov. cn/yjgl/index. htm）。

“非典”危机表明，在一个全球化的世界，源于一国的灾难可能轻易地跨越国界进行扩散。对中国政府而言，有必要与国际社会进行更好的协作。《中华人民共和国突发事件应对法》第 15 条规定，中国政府“在突发事件的预防、监测与预警、应急处置与救援、事后恢复与重建等方面，同外国政府和有关国际组织开展合作与交流”。中国政府在这一方面已经采取了一些重要行动。比如，2005 年 1 月，中国政府主持了“中国—东盟地震海啸预警研讨会”。2006 年，世界卫生组织社区安全促进合作中心在山东公布了中国首个暨世界上第 97 个“国际安全社区”。

制定新的应急处置法

除了上述努力，中国政府还采取了很多措施健全突发公共事件应急管理的法制。2003 年 5 月 7 日，国务院第七次常务会议通过了《突发公共卫生事件应急条例》。该条例将抗击“非典”疫情和其他类似情势所需的各部门整合在一起工作。该条例成为未来在不同领域内编制详细的应急管理预案的基本条例。

2004 年 3 月，中国宪法修正案用“紧急状态”一词取代了“戒严”。“紧急状态”包括“戒严”又不限于“戒严”。这一法律用语的修改，使其适用范围更宽，便于应对源于自然界、公共安全和经济方面的各种危机。依据这一法律修正案，中华人民共和国主席有权宣布国家进入紧急状态。这一修正案为突发事件应急管理法提供了基本支撑。这一宪法修正案也规定了国务院有权决定省、自治区、直辖市的范围内部分地区进入紧急状态。

2003 年 6 月，成功抗击“非典”疫情后，中国政府着手制定一项新的适用于所有灾害的应急处置法。经过几年的艰苦努力，2007 年 8 月第十届全国人民代表大会常务委员第二十九次会议通过了《中华人民共和国突发事件应对法》。该法 2007 年 11 月 1 日生效，是中国突发事件应急管理体系的重大里程碑。

新的挑战和前进的方向

如上所述，“非典”疫情使中国政府构建了一个新的突发事件国家应急管理体系——第二代国家应急管理体系。2008 年初中国南方雨雪冰冻灾害和 2008 年 5 月 12 日四川大地震表明，中国第二代国家应急管理体系有优点也有弊端，在一定程度上证明了这一体系在应对传统和非常规灾难时的有效性。然而，2008 年这些自然灾害的应对也显示出，中国第二代国家应急管理体系也面临很多新的挑战。

体系面临的新挑战

2008 年见证了中国多起重大突发事件，包括 2008 年初中国南方雨雪冰冻灾害和 2008 年 5 月四川大地震。尽管第二代国家突发事件应急管理体系在抗击这两起重大灾难中发挥了重大作用，这两起自然灾害也暴露出中国现行国家应急管理体系的缺陷。

首先，尽管第二代国家突发事件应急管理体系健全了应对突发事件的整体框架，但是该体系的执行仍旧依赖于体系内各组织和个人的能力，以及辅助支持机构的技术实力。比如，2008 年初的雨雪冰冻灾害导致了新年假期中几十万人滞留，中国的气象专家承认，他们尚不能准确预警那样的雨雪冰冻灾害。中国气象局局长郑国光承认：“在中国北方我们有很好的突发事件应急预案处理极端天气状况，但是在中国南方的部分地区还需健全处理此类极端天气问题的应急预案和应对机制。”

其次，第二代国家突发事件应急管理体系强调编制应急预案和标准的运行程序，这有利于日常突发事件的应对。但是，对于南方雨雪冰冻灾害和四川大地震这样的重大非常规灾难时，这些应急预案和标准运行程序的用处少得多（有的情形下甚至会阻碍有效的应急处置）。比如，南方雨雪冰冻灾害时，主要的挑战是怎样处理覆盖有厚冰雪的公路上滞留的上千辆汽车。公路雪灾应急管理预案是封锁公路以避免公路交通事故。大多数公路管理站就是采用这一预案。另一方面，贵州省一个县决定开放公路，引导交通工具在公路上缓慢行驶。这不仅有助于减少交通压力，而且因为公路持续通车还有助于减少路面结冰。显而易见，灵活应对突发事件比盲目照搬应急预案更有效。在一个更加框架化和标准化的第二代国家应急管理体系内，怎样增强灵活性和健全应急管理是一个不应被忽视的困难而有意义的挑战。

第三，中国公共管理体制是垂直管理，水平协调和沟通弱。第二代国家应急管理体系没有解决怎样协调不同部委之间、部委与地方政府之间，以及不同级别的地方政府之间的协作问题。南方雨雪冰冻灾害显示了广东和湖南这样的邻省之间的矛盾、军队和地方政府之间的矛盾、广东省政府和铁道部之间的矛盾，以及不同部委之间的矛盾。雨雪冰冻灾害时期交通瘫痪后，为了有效解决煤炭和能源运输中的一些重要问题，国务院不得不在国家发展与改革委员会下设“煤电油运和抢险抗灾应急指挥中心”。

第四，民间社会在中国应急管理体系中显得不积极。很大程度上，中国第二代国家应急管理体系没有将还在发展初期的非政府组织纳入到现行应急管理体系。如何发动非政府组织、与非政府组织进行有效合作，中国政府对此还处于初期摸索阶段。尽管非政府组织在四川地震抢险抗灾工作中发挥了重要作用，但是非政府组织和志愿者的行动缺乏协调，为专业的抗灾抢险机构迅速开展行动增添了混乱和障碍，因此也受到了批评。据广泛报道，在四川大地震后的最初几天，大量缺乏协调和经验不足的非政府组织和志愿者涌入灾区，导致交通阻塞，反而延误了重要物资的运输，扰乱了救援行动的开展，增添了抗灾系统后勤保障的负担。甚至这些志愿者和非政府组织也面临成为受灾者的风险。

迈向第三代应急管理体系：需要解决的主要问题

正如 2008 年雨雪冰冻灾害和四川大地震的抢险救灾行动所示，形成和维持一个以风险为基础、包括所有类型灾害的国家应急管理体系，防止、预警、处置重大灾害和进行灾后重建，这是一个持续摸索学习的过程。如果说，“非典”疫情作为一种“危险”最终转化成了构建第二代国家应急管理体系的“机会”，2008年中国南方雨雪冰冻灾害和四川大地震也可以被视为此类有助于推动形成第三代国家应急管理体系的“危险”。

为构建第三代国家应急管理体系，中国应当深化治理机构改革，为灾难时期的管理提供更有活力和便捷的适应框架。传统的国家应急管理体系的弊端只有在综合整合了社会发展和经济发展的国家改革规划中才能革除，这样的改革能改进各级政府和机构之间的合作与沟通，增强广泛参与和法治，有助于鼓励地方政府提高透明度和承担更大的职责。更明确地说，应当鼓励多层级的部门协作和中央与地方政府的协调，并使之制度化。另一个关键的改革是，进一步理清中央应急管理机构的促进和协调作用，以促使各部委有效应对不同类型的突发事件。地方各级政府也可以设立此类应急管理机构。

中国政府还需要将其灾难管理模式从“被动应急”转化为“主动防范”。面临不可预期的重大灾难时，中国往往是以被动应急模式设立救灾指挥部进行应对。这种被动应急的模式下，首要的行动是制定应急策略，导致应急行动迟缓，在有证据表明政府必须被迫面对公众之前都推迟应急行动。因此，中国的灾难管理模式必须从被动模式转向主动的、更加有活力的模式。预防突发事件应急管理体系的关键要素包括，风险识别、风险评估、减缓风险和风险治理、向社会公众和决策者公布潜在风险的相关信息。这样的风险管理体系只有在强有力的政治支持下，在所有的权力机构、官员都愿意各司其职且对自己的行动负责的环境下才能得到实施。

健全以风险为基础、涵盖所有类型的灾害的应急管理体系的另一项措施是，构建更强大的社会力量。监测、防范和处置各类灾难，不仅需要政府的行动，也需要整个社会的力量。伴随社会网络和社会参与，政府能动员民间社会力量协助防范和应对危机。同时，社会公众还能更好地理解政府采取的各类应急管理措施背后的理由。总体的机构建设将严重依赖于此类社会网络的形成和社会参与行动。迄今，非政府组织和其他非营利机构的潜在价值在中国社会尚未大力开发利用。

此外，中国正融入国际社会，政府也应当形成国际行动网络，在处置重大灾难方面发展“联系、协作和伙伴关系”。马歇尔·麦克卢汉（Marshall Mcluhan）认为国际社会正日益一体化和相互依赖，这样的国际社会在危机时代更加脆弱。合作应对突发事件是一个世界现象，灾难会溢出国界，影响到区域和国际秩序，中国应当学会成为国际社会突发事件管理中的积极成员。

此外，中国需要健全灾难防范、抗灾、突发事件应急管理、自我保护和自救方面的培训和教育。有必要对突发事件的管理人员和公众提供多级模式的演练培训。中国也需要通过国际合作，学习应对突发事件的国际规则和国际成功实践，借鉴其中的经验和规则完善中国的应急管理体系。

正如2003年“非典”疫情危机后中国突发事件应急管理所取得的进展所示，中国已经能够利用危险，使之转化为改革的契机。

第八章 Chapter Eight

减少未来灾难损失的长期合同

霍华德·昆鲁斯
宾夕法尼亚大学沃顿商学院

概述

在灾难发生之前，很多个人和公司都不愿意投资于保障，因为他们往往忽视风险，而这是非常短视的行为。人们常常关注这种投资的前期投入的短期回报。如果防灾成本高企，人们就会认为防灾措施不可行或者无利可图。个人不愿意投资于防灾措施的另一个原因是，那些灾难发生的可能性没有达到他们的关注临界点，而那些身处危险中的人觉得灾难不会降临到自己头上。

本章旨在探讨像多年期贷款和保险这样的长期合同，与强制执行的规章制度绑定，可以鼓励业主和公司部门经理们投资于抵御低发生率灾难的保障性措施。这种长期合同还可以鼓励决策者实行经济的防灾措施，为制定规划过程创造稳定的局面。以下的两个案例重点阐述决策者在进行抉择时的权衡取舍。第一个案例描述一个家庭在面对是否垫高房屋以减少未来洪灾损失时所处的两难局面；第二个案例描述公司的一个部门决定是否投资于保障性措施。这项分析揭示了在进行收益—成本分析的基础上，在保障性措施上的花费可以名正言顺。

本章强调业主投资防灾措施的必要性。作者认为，多年期长期保险合同与房产挂钩、长期贷款与强制执行的建筑规范绑定，居住在灾害频发地区的业主就会采取经济的保护性行动，而在这个过程中，可以获得短期的经济回报。本章还阐明保险、贷款如何与第三方检测和规章制度相辅相成，使其自身免受可能发生的灾难损失，而使公司获得短期的经济回报，降低破产的可能性。本章大致总结了公共和私人部门携手所起的作用，通过制定经济刺激措施，解决相互依存的问题，这些都着眼于投资于防灾措施的重要性。

两个案例

案例一　业主缺乏防范自然灾害风险的兴趣

一般来说，居住在灾难频发地区的业主都意识到，他们会投资于保障性措施以减少未来自然灾害带来的损害。例如，在飓风高发区，业主会安装遮板，加固房屋的屋顶；在洪灾高发区，业主会垫高他们的房屋；而在地震高发区，人们会固定热水器，把他们的房屋和地基用螺栓固定在一起。其中许多措施都是物有所值的，也就是说，在产权期内，按照一个体现机会成本的利率贴现，预计投资花费低于预期收益。

例如，苏格兰低地家庭也在考虑是否垫高房屋以应对未来洪水带来的损失，而没有决定垫高房屋的主要原因就是高昂的前期成本。此外，和很多其他地区的业主一样，他们也使用较短的时间段（比如，两年或三年）来估算预期收益。而且他们可能低估未来洪灾的风险。他们也和其他地区的业主一样，相信“灾难不会降临到自己头上”。那些几年内想迁移的人对这种投资也是举棋不定，因为他们相信（往往是正确的），这不会反映在房地产的增值上面。

案例二　公司不愿意减少灾难事故风险

公司的一个部门经理投资于风险防范措施的经济动力取决于他对其他部门如何表现的预期。在大型公司中，一个部门的失败都会导致整个公司的全国以至于全球运营的混乱甚至破产。与风险相关的相互依存会产生这样的情况：要么每个人都投资，要么没人投资。

为了说明这一点，我们假设一家公司名叫“无恙化工公司”（Besafe Chemical Company），旗下有一些独立运作的部门，每个部门都要最大化其预期回报，也要决定是否在其一家工厂投资于减少灾难性化学事故可能性的措施。假设第一部门投资于保障，而其他部门没有采取这种预防性措施，无恙化工公司就有破产的危险。换句话说，因为其他部门没有使它们的运营免受灾难事故的影响，第一部门的员工就有可能失业。如果无恙的其他部门都不想投资于保障，第一部门也不会；如果其他部门都这么做，第一部门就会做出同样的决定。

在现实世界的案例中，一起事故就会令化工厂损失惨重，会招致整个公司的破产。1999 年发生的联合碳化物公司（Union Carbide）破产案就是最好的例子。同样，一家大公司旗下一个部门的运作失败也可能引发整个公司的运营混乱甚至破产。1995 年，英国巴林银行仅仅由于其新加坡分行一名交易员的行为而遭遇灭顶之灾。2002 年，安达信会计师事务所由于其负责安然公司业务的休斯敦合伙人的行为走上了末路。2008 年，世界上最大的保险公司——美国国际集团被迫接受政府破产保护，起因就是其员工人数不到集团总数 1%的伦敦小办事处把赌注压在次级抵押贷款上。虽然其他部门表现和风险管理系统可圈可点，但整个公司就这样被一个失察的鲁莽行动葬送了。

行为偏差

两种行为偏差阻碍对于保障性措施的投资：

第一，忽视发生率低于关注临界值的风险：1984 年，印度博布尔城发生化学事故前，化工厂估计发生这种事故的概率相当低，他们觉得还不到计划做些什么的程度。很多居住在潜在核废料放置点的业主也对风险掉以轻心，甚至风险专家都会忽视一些危险。例如，甚至在 1993 年恐怖分子袭击世贸大楼之后，恐怖主义风险还在保险单中被列为不具名的危险，所以，保险公司有义务承担恐怖袭击引发的损失，而从这种保险中挣不到一分钱。

第二，使用短时期限确定决策的正确性：在灾难发生前，大多数决策者（也可能是业主）、经理或者立法者往往不考虑发生率低的灾难。他们就陷入了这样的误区：这些灾难不会发生，至少不会发生在他们眼前，潜台词就是：不会在我的任期内发生。在上文的例子中，苏格兰低地家庭和无恙化工公司的旗下部门正是被要求具体投资一笔固定款项以获得收益，而他们本能地低估——或者自欺欺人地相信这种投资永远不会获得收益。

2008年发生的金融危机也说明了这些行为偏差。大多数投资经理并不认为诸如信用违约掉期这样的金融衍生品发生巨大损失的可能性有多大，他们没有预料到这些衍生工具转变为金融负债的后果。他们对于最糟糕的情况视而不见，而奖励短期收益的每年分红体制更是助纣为虐。决策者不会采取使他们当年收益受损的措施。此外，金融部门的很多人相信，如果只有他们一家银行没有利用好潜在盈利率高但有风险的投资，他们就不会交好运，因为他们的客户就会离他们远去，另攀高枝。

减少自然灾害带来的损失和伤亡

灾难的新时代

最近在发展中国家发生的自然灾害造成了成千上万人罹难，引发了经济的严重混乱。灾害造成的经济影响可以用损失与该国国内生产总值（GDP）的关系来评估。发生在美国或者欧洲大国的大洪水对于GDP的影响远低于类似的灾难发生在发展中国家。一个极端的情形是，自然灾害对于小岛国的影响是长期存在的，几次主要的自然灾害带来的经济损失占GDP的比重是发生在发达国家的自然灾害的几倍。而在发达国家，损失占GDP比重很低，如表8—1所示。

即使美国这样的发达国家，有面对灾难的丰富经验、有足够的资源做准备，但还是缺少足够的防灾措施和应对大型自然灾害的应急准备。2005年发生的卡特里娜飓风就是例证。

表8—1　　自然灾害对于不同等级经济体影响的例证

年份	自然灾害	国家	地区	损失（百万美元）	损失（占GDP百分比）
大型经济体					
2005	卡特里娜飓风	美国	北美	125 000	1.1%
1995	地震	日本	东亚	100 000	3.2%
1998	洪水	中国	东亚	30 000	0.7%
2004	地震	日本	东亚	28 000	0.8%

续前表

年份	自然灾害	国家	地区	损失（百万美元）	损失（占 GDP 百分比）
1992	安德鲁飓风	美国	北美	26 500	0.4%
小岛国经济体					
1988	吉尔伯特飓风	圣卢西亚	加勒比海地区	1 000	365%
1991	瓦尔和华赛强热带风暴	萨摩亚	大洋洲	278	248%
2004	伊万飓风	格林纳达	加勒比海地区	889	203%
1990	欧发强热带风暴	萨摩亚	大洋洲	200	178%
1985	艾瑞克和尼格尔强热带风暴	瓦努阿图	大洋洲	173	143%

是否投资于防灾措施

假设居住在印度尼西亚东雅加达中部低洼地的居民，正在考虑是否垫高其防震房以显著减轻吉利翁河可能发生的严重洪灾带来的损失。这条河在1996年2月、2002年2月和2007年2月发生了严重洪灾。据估计这里每年有20%的可能性发生洪涝灾害。

吉利翁河附近的典型房屋大约价值19 300美元，而垫高房屋1米的费用是9 200美元。如果房屋不增高，估计房屋和屋内物品的损失达10 000美元。为了方便阐明观点，假设垫高房屋可以彻底消除对房屋的损害。（实际上，发生在吉利翁河的严重洪灾依然会对垫高的房屋造成损失。）如果发生严重洪灾的概率是20%，实行防灾措施减少的每年损失则为2 000美元（20%×10 000）。

尽管如此，如果考虑房屋的预期寿命，而这座房屋的预期寿命超过20年，那么垫高房屋就非常划算。即使每年的贴现率高达15%，这个家庭通过采取防灾措施获得的贴现预期收益仍为12 520美元。实际上，过了8年半后，这项措施就是“钱”景良好的。如果每年的利率是10%，在吉利翁河垫高防震房屋的20年期的贴现预期收益就会高于17 000美元，从第6年起，这项措施就是具备成本效益的，如图8—1所示。

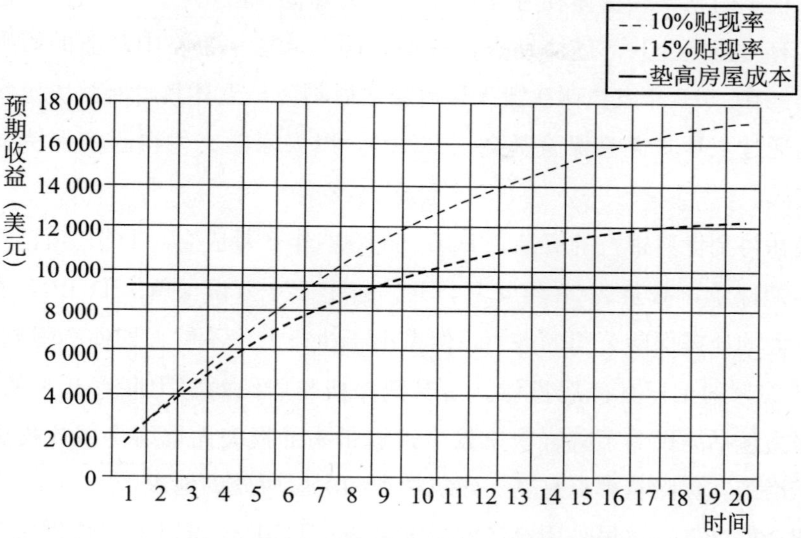

图 8—1　吉利翁河垫高防震房的贴现预期收益

长期贷款与长期保险相辅相成

考虑一下劝说低地家庭业主采取经济的措施以减轻未来发生灾难造成的损失时所面临的挑战。一个令用于保障的投资更具吸引力的方法就是由金融机构或者政府提供长期贷款。例如，如果低地家庭获得 10%利率、20 年期的 9 200 美元贷款用于垫高房屋，年分期付款额为 890 美元。还假设有保险保障洪灾带来的房屋损失，而保费反映了承担风险的大小。如果垫高了房屋，保险公司愿意每年减免至少 2 000 美元的保费以反映未来没有洪灾引起的损失。低地家庭也就有可能有充足的经济实力投资防灾措施：每年可从银行贷款获得的净收益至少是1 110美元（即 2 000 美元的保费减免减去每年 890 美元的分期付款）。

业主也许不愿意支取这笔贷款——即使他们获得的保费减免额超过每年分期付款额——如果他们并不确定他们还会在这所房子里面住多久。此外，他们相信即便投资这些措施，他们也不太可能获得保险公司的保费折扣。解决这一问题的方法就是将长期贷款与长期保单绑定。时至今日，产业险还是按年度计费的，而通过提供与房屋绑定的多年期保单，业主更有可能觉得防灾措施有吸引力。

有很多的新兴经济体在考虑把保险作为降低风险的一种方式。在这一进程中，有可能由公共部门协助提供长期合同。从这一策略中获益的国家就是土耳其。在 1999 年发生两次毁灭性地震之后不久，土耳其政府就决定在全国范围内通过土耳其灾难保险基金（TCIP），以大家能支付得起的保费强制推行地震险。

最初得到世界银行的资助，TCIP 于 2000 年 8 月成立。TCIP 项目开始推销其年期保单，截至 2008 年 4 月，共销售了 270 万份保单。TCIP 有成为世界上最大的地震保险公司的潜力，但是由于执行力度不够，即使有强制要求，也只有 21%的土耳其民居投保。没有把保费与居民的努力联系起来的体制，这些努力包括居民为了减轻未来发生地震带来的损失而修缮房屋或投资于其他防灾措施。保险费率只是基于建筑种类和房屋所处的地震带。TCIP 可以提供长期贷款以鼓励居民采用经济的减灾措施，TCIP 还可以考虑提供减免保费的长期保险政策，这种长期保险计划可以增加从经济上采取措施抵御下次地震灾害的业主比重。

对于长期洪灾保险的一点建议

很多业主只有在洪灾中蒙受损失才会购买洪灾保险，但是几年过去后，如果没有洪灾侵扰，他们又会取消每年的保单。这种情况在美国尤其显著。特别是考虑到国家洪灾保险基金会对现有住房提供高额洪灾保费补贴，而且拿到联邦支持的抵押贷款的条件就是洪灾频发地区的家庭都要购买保险。例如，1998 年 8 月发生在北佛蒙特州的洪灾损毁了大量房产，在此次灾难的 1 549个受害者中，联邦紧急事务管理局（FEMA）发现在洪灾频发地区有 84%的居民没有保险，尽管其中 45%的人被要求购买保险。

如果灾难发生率低于人们的关注临界点，长期的洪灾保险就会阻止他们取消保单。银行和金融机构通常没有强制执行洪灾保险要求，因为银行很少被罚款，或者是因为按揭款项已经转至洪灾发生率很低地区的银行，在这些地方，既不用将注意力放在洪灾风险上，也不用要求业主购买相关的保险。如果告知屋主保单期限内发生洪灾的概率信息，而不仅仅是下一年的，他们往往会去购买保险。

为了使长期洪灾保险项目可行，兴修于洪灾频发地区的新建筑物的保险费率需要反映风险的大小，而且应该考虑告知居住在这些地区的居民危险有多大。对于采取防灾措施的行为，也可以减免保费作为奖励。那些居于洪灾频发地区的人们理应得到特别的待遇（例如，低收入业主），他们还是要缴纳反映风险大小的保费，但是他们会得到补贴（在这种情况下，通常是由联邦政府发放），形式是用保险救济券抵扣保单费用。这种处理方式的最典型例子是美国的食品救济券计划，美国低收入家庭以市价购物，然后用食品救济券支付一部分费用。在洪灾保险的例子中，如果低收入家庭投资于防灾措施，保费还会得到减免，因为下次发生洪灾后他们的预期索赔额降低了。

提议的这项长期政策与美国目前的洪灾保险计划相左。在美国，业主会得到补贴性保费投资于防灾措施，而不是保险救济券或者保费减免。长期洪灾保险和长期贷款是所有相关各方共赢的提议。由于投资于防灾措施，业主就会花费较低的保险成本。如果发生灾难，他们持有的保险还能使他们免受经济损失。金融机构的抵押贷款更加安全。一旦发生洪灾，保险公司的理赔损失较低，一般纳税人的救灾成本也较低。

尽管如此，为了让这个体制运作起来，相关的规章制度必须严格执行。做到这点的一个办法是缴纳物业税的时候，要求业主出示他的保单。目前，有关车险的流程就是这样做的：在递交每年的注册更新表格时，车主都要出示保险证明。

作为鼓励采取防灾措施的长期贷款合同的补充，强制性建筑规范的出台也有必要。建筑规范要求业主的新房子必须达到标准，而不要求他们修缮现有房屋。对于现有物业，建筑标准也是必要的，特别当业主自己不想采取防灾损失的时候，因为他们觉得灾难不会降临到自己头上。而且，当一座建筑物倒塌，它会产生除业主遭受的经济损失之外的诸如经济混乱和其他社会成本等方面的负外部效应。例如，设计糟糕的建筑物在洪水或飓风灾害中倒塌，它也会对设计良好的房屋造成损害，这种建筑物的相互依存关系也为制定规章制度提供了另一个合理性依据。

处理公司中的相互依存关系

无恙化工公司的案例显示了公司中的部门不愿意投资防灾措施的另一种相互依存关系。公司中的每个部门不仅仅关心自己的年底预期回报，而且也关心公司其他部门的预期回报。因此，经理没有选择投资防灾措施，仅仅因为其他部门没有这么做。只要没有严重事故发生，这些保障性措施的前期成本会对盈亏产生负面影响，这也关系到公司的其他部门，因为也要减少员工的分红。如果感觉发生灾难性事故的可能性低于决策者的关注临界点，这就成了不想投资的又一个原因。也许不投资对于每个部门来说都是最佳的策略，但从公司大局来看，却未必如此。

制定多年最差情况的风险管理战略可能是一种方法，促使经理们把注意力放在灾难性事故的后果上，而不是总想着这种灾难不会降临到自己头上。通过延长时间期限，经理们可能会考虑到这种灾难发生在延长的时段中的可能性相当高，这会激发他们的关注。尽管如此，即使当那些灾难都出现在决策者的雷达屏幕上，还是有必要对投资于防灾措施的人员进行物质鼓励。

公司内部规章制度和其他协调机制

在一个有很多部门的管理松散的大型公司，如果每个部门的目标都是最大化自己的预期回报，则高管层需要某种协调机制鼓励保障性投资。化工业的一些大型公司已经组建了这样的职能部门，在全公司发挥这样的作用。例如，杜邦公司（Du Pont）就有一个工艺安全管理部门（PSM）负责确保公司所有部门遵循合适的流程。

让我们回到无恙公司的案例中，无恙公司也可以建立这种跨部门的工艺安全部门，并且设立一条特别条例，即贴现预期收益超过执行措施的前期成本时，要求该部门投资于保障性措施。判定什么规章制度需要强制执行的方法是把注意力集中在灾难性事故上，这些灾难可能威胁到公司的偿付能力，但部门不愿意为投资保障性措施支付成本。

私人与公共部门的协作

公共部门也在鼓励防护方面起到了重要作用。当一家公司的行为可能影响到周边的公众，公共部门就有必要在例如化学安全方面一展身手。像无恙这样的化工公司可能不会为化工事故负全责。比如，引发事故的公司可能不会对周边房屋的贬值和对社区生活的影响负法律责任。出于这些原因，政府可以出台处理这种负外部效应的规则，这些规则必须强制执行。但“说易行难”，因为公共部门往往人手不足。

这方面最典型的案例就是1990年《清洁空气法修正案》第112款在执行时大打折扣，该款法律要求公司向美国环境保护局提交提要报告，显示它们是如何降低重大化工事故风险的。公司对遵循集中监管流程没有什么经济动力，它们被监管机构检查到的机会很少，即使被抓住，罚金也很少。在这种情况下，它们愿意赌一把，如果被查出违反规则，它们就交罚款。这好比把钱放到停车计时器中，如果你知道你的停车计时器被查的概率低，罚款相对也低，你就会在往里面投钱之前三思而行。

强制执行规则的一种方法就是寻求私人部门的帮助。具体来说，第三方检查和保险保障捆绑在一起可以鼓励公司部门采取措施减少事故和灾难造成的损失。这种以管理为基础的监管战略将决策的轨迹从监管者转移到公司，要求后者的规划达到一套标准或者规则的要求。

当公共部门人手不足以强制执行其规则时，使用第三方和保险支撑其规章制度的直接结果是：没有某种形式的检查，低风险部门无法将自己同高风险部门可信地区分开来。通过保险公司和第三方把某些检查过程委托给私人部门，监管机构可以提供一个公司中的低风险部门为自己辩护的渠道。如果一个部门不想被检查，则它很有可能是高风险部门而不是低风险部门。如果确实检查过了，而且表明它能够使自己和公司的其他部门都能免受灾难性事故的影响，它就可以比没有采取这些措施的高风险部门支付更低的保费。这种机制不仅大大减少了机构需要检查的数量，而且使审计更加有效。

出于两方面的考虑，一家公司的PSM部门有理由支持这个项目。为了确保部门运行安全，有理由为公司聘请第三方检测者。PSM部门还能为一些其监督下的部门提供长期贷款，鼓励它们投资于防灾措施，这样，这个部门不会被迫产生很多前期费用。如果保险费率体现风险大小，采用这些安全措施降低保费的做法也使得投资名正言顺。

未来研究的需要

管理风险的问题对于风险评估和风险认知是新的挑战。正如在第一章“降低灾难风险的战略与原则”中的指导原则所述，我们需要搜集更准确的数据，评估重大自然灾害、人为灾难和其他极端事件带来的风险和后果。这样，就可以制定有意义的长期合同，我们还需要努力扩展个人面对极端事件时如何做出抉择的知识，特别是那些与风险有相互依存关系的事件。

对于这些领域的研究可以增进我们对极端事件的理解，运用不同战略有效管理风险。减少个人和团体风险要求个人、公司、公共部门的通力协作。在我们生存的星球上，所有各方精诚合作变得更加重要。由于我们短视的行为，我们需要建立长期的策略，如果长期策略可以为相关各方提供短期收益，业主、公司经理和政府决策者都觉得有利可图，就会愿意推而广之。如果得以执行，个人和社会的福利都将得到提高。

第九章 Chapter Nine

发展防灾、减灾的领导力

迈克尔·尤西姆
宾夕法尼亚大学沃顿商学院

概述

基于面临灾难的两家大企业和两个消防队的经验，本章强调了发展避免灾难和减轻灾难影响的领导力的重要性。领导层的领导力发展非常关键，近年来，已经出现了许多发展领导力的行之有效的方法。对于那些负责风险管理和领导那些面临着严峻考验的组织的管理者来说，在实施管理之前必须充分地了解领导指导原则。许多领导指导原则是必不可少的但是很不容易记住，因此寓这些指导原则于切实的实践之中是很有价值的。本章还认为，要想避免风险，很重要的一点是领导层必须防止在灾难面前过度自信，并且保证在那些被认为不可能发生、但是一旦发生就极具灾难性的事件发生之前，对预防工作做出战略性和长期性的考虑。

领导的才能和技巧体现在为无法预期的事件做好准备，因此在当今世界日益变得不确定的情况下，领导力的价值愈显重要。由于风险较低但后果严重的事件尤其难以预测，要想克服此类难题，发展应对灾难的领导力是预期并克服灾难的关键步骤。

值得注意的是，大部分人预测和应对灾难的方式不是最优的。通常情况下，我们会低估灾难发生的可能性，并高估灾难发生后的影响。本章讨论的焦点在于，为了对面临灾难或灾后恢复的群众的预期的非最优行为进行有效的预期和指导，领导层做了些什么以及能够做些什么。

我们知道，在灾难预防和应对方面，雇员和市民没有得到充分的提醒。就像本书前几章所详细论述的那样，我们的考虑通常是短视的，主要关注已经发生的灾难，而不是进行长远的考虑，并不对未来灾难的预防和应对做准备工作。发展领导力的首要任务之一是充分认识到这些行为和其他行为的不足，进而创造最大限度减少人性中共通缺点的政策工具和文化氛围。

领导才能的培训是有帮助的。通常，人类天生的缺点是令人担忧的和烦恼的，但不是什么大奸大恶；在灾难时刻，人类的此类缺点会被放大，即使不足以致命，也会变得更加危险。这一点已经深刻在体现在2005年卡特里娜飓风登陆时本来可以避免的损失，以及2008年金融危机中美国国际集团本来可以避免的濒临倒闭上。采取必要的行动预期并克服人类的缺点是领导者的责任之一，对大部分负责其他人安全和福祉的领导者来说，进行准备性训练很有必要。

为了评价领导力对于预防和克服灾难的潜在作用，我们考察实际中的两个案例，一个是灾难性的，另一个是处置恰当的，并加以综合评价。通过这两个案例的比较，我们能够了解到对防灾的领导指导原则的实践经验。接下来，我们将讨论另外两个领导力案例，我们将从中总结出领导者为面临和克服灾难进行准备的经验教训。

来自实践的领导指导原则

在此我们特别强调实践层面的领导指导原则。实践层面的领导指导原则是指面临灾难时具有通用价值的指导原则，并且这些指导原则源于与其有明显、长期的关系的特定实践。我们认为，如果领导者能够牢记总结出这些指导原则的相关经验，那么就最能够在需要的时候牢记领导指导原则。为了确保避免和应对灾难的领导指导原则能够活跃于我们的头脑中，而不是沉睡在记忆中，将这些指导原则与切实的实践相联系是较为有效的方式之一。

为了进一步说明，我们来考虑以下领导指导原则：领导者应该积极听取其下属的观点和建议。由于更接近某地理区域或者金融市场，下属们通常能够在上级觉察之前，较早地觉察到即将发生的灾难警报信号或者模糊信号并做出评价，例如卡特里娜飓风的登陆预报或者雷曼兄弟的抵押贷款违约率。尽管对这一指导原则的学术研究已经很充分了，但是城市管理者或者企业管理层在应对他们日复一日的领导力挑战时，并没有高度重视这一原则。

如果领导指导原则与个人的领导经验——或者，次优选择是其他领导者的经验——相联系，那么当急需之时，领导者可能对这些指导原则记忆更为清晰。关于积极听取下属意见的领导指导原则的例子是1986年1月，挑战者号航天飞机的失事。在发射前夕，美国国家航空航天局（NASA）向助推火箭的主要制造商Morton Thiokol公司征求意见。现在我们知道，当时Morton Thiokol公司的一个工程师，罗杰·博伊斯佐利（Roger Boisjoly）曾经警告说，如果在发射当天，冷空气席卷发射现场，那么Morton Thiokol公司为NASA设计的助推火箭O形环将会失效，但是Morton Thiokol公司的领导者没有听取罗杰·博伊斯佐利的意见。时刻牢记领导者不听取下属建议的例子和由此导致的灾难性后果，当其他灾难将要发生的时候，领导者就能较好地记住并贯彻积极听取下属意见的领导指导原则。

美国国际集团（AIG）

现在我们来讨论一下，2008年9月，导致AIG险遭破产和美国政府救助失败的案例。对这个案例中领导力的不足进行深刻的评论需要回顾AIG的发展历史及其在2008年经营恶化的情况。

1919年，AIG成立于中国上海，截止到2008年，其雇员达到116 000人，年营业收入高达1 100亿美元，并持有8 600亿美元的资产。在2008年突然破产的前夕，AIG位居世界前二十大上市公司之列，怎么形容其当时的经营规模都不为过，其业务遍及全球130个国家和地区，拥有7 400万客户，其中包括遍布成千上万个城市中的180 000家小企业、养老基金和401k退休投资计划。

在最初的86年里，AIG只被两个首席执行官领导过。1968年，创始人科尼利厄斯·范德斯塔尔（Cornelius Vander Starr）将公司的管理权转交给莫里斯·格林伯格（Maurice R.（Hank）Greenberg），继而格林伯格将公司的经营重心从私人保险转向投资银行业务。与此相对，在21世纪AIG濒临破产的三年里，接连换了三任首席执行官。2005年，迫于会计丑闻的压力，格林伯格不得不退出；2008年6月，格林伯格的继承者马丁·苏利文（Martin J. Sullivan）被迫下台；2008年9月，苏利文的继承者罗伯特·维伦斯坦德

(Robert B. Willumstad) 也被迫下台。

2008 年金融危机期间，美国政府成功地将 AIG 国有化，防止它的破产和对世界金融市场造成致命打击。最终，美国政府一共向 AIG 注入 1 700 亿美元，并控制了 79.9%的股权。AIG 的股价从连续 52 周高达每股 70 美元狂跌到 2008 年 9 月 16 日的每股 1.25 美元。

2008 年，AIG 的许多业务（尽管不是全部）——超过 240 家保险和金融服务实体——仍然保持盈利状态。仅有一项业务，即金融产品部门（Financial Products Division，AIGFP）成为 AIG 大量健康资产中的一个致命的毒瘤。在首席执行官格林伯格的领导下，1987 年 AIG 建立了金融产品部门，作为承保人或者大规模抵押债券发行者。如果你拥有一家金融机构，需要大量的公司债券或者住房抵押贷款的投资组合，并希望能够确保免遭损失，那么 AIGFP 就是一个主要的供给者。

在运营鼎盛时期，位于伦敦的 AIGFP 拥有价值 1.6 万亿美元的投资组合（有一个统计甚至达到 2.7 万亿美元，相当于法国的国民生产总值），其中保险产品包括次级抵押贷款的信用违约责任，应对利率波动、汇率波动、汽车贷款违约的政策，以及信用卡应收账款。起初，AIGFP 的保费非常低——每 1美元被担保的风险的保费仅为每年 0.02 美分（两个基点），即使到后来仍然很低——1999 年，这一费用为 0.11 美分。但是，随着保险保障的金额达到几十亿美元，AIGFP 保费收入非常可观。

2008 年，AIGFP 的雇员仅为 377 名，占 AIG 在世界范围内总雇员的比重不到 0.4%，但是却成为 AIG 主要的收入来源。截止到 1999 年，其经营收入占 AIG 总经营收入的 4.2%，截止到 2005 年，这一比重上升到 17.5%。AIGFP 利润率提高得也非常快：截止到 2005 年，经营收入占总收入的 83%，远远高于行业标准。2007 年，AIGFP 总裁约瑟夫-卡萨诺（Joseph J. Cassano）告诉投资者们，AIGFP 的保险金收入达到 2.5 亿美元。在 AIGFP 工作的职员极其自豪，当然他们也受到诸多保护：普通雇员的年收入高于 100 万美元，截止到 2008 年，他们连续七年的奖金总额超过 35 亿美元。

AIG 和 AIGFP 的领导者都对经营不会受到任何低风险而影响严重的灾难抱积极态度。2007 年 12 月 5 日，AIG 首席执行官苏利文告知某些 AIG 的投资者，AIGFP 的风险分析模型“非常可靠”，同时这些模型也给企业带来了“非常高的舒适度”。AIGFP 总裁卡萨诺同样声称，“我们相信这是一个赚钱的投资组合”，和“我们所使用的分析模型很简单，非常专业并且非常保守”。在 2007 年的另外一个时间里，卡萨诺甚至持有更积极的态度。“严肃地说，不管出于何种原因，我们都很难看到任何一种交易损失上亿美元的情景。”2007 年 8 月，卡萨诺在和分析师们的电话会议中特别说明了信用违约掉期（credit default swap，CDS）在其投资组合中的安全性。他向分析师们保证：“虽然看上去难以置信，但是信用违约掉期的保险标的是经过精心选择的。”

AICFP 经营的 AAA 信用等级保护伞是导致首席执行官苏利文和总裁卡萨诺过度自信的原因。信用评级机构见证了 AIG 的许多保险业务部门每年良好的经营状况，将其评为最高信用等级——AAA 级。AIGFP 凭借这一信用等级低价发行了信用违约掉期，为价值高达 4 400 亿美元的债券提供保险，这些债券包括 580 亿美元的以次级抵押贷款支撑的结构性债券。由于享有 AAA 信用等级，与这一行业的通行做法不同的是，AIGFP 无须提供任何抵押来支持其对其客户的保险责任。毕竟，AAA 等级意味着企业根本不可能不履行其对客户的责任。

然而，在 AIGFP 强势表现的背后，AAA 信用等级和领导者的自信已经造成了一道脆弱的裂痕。首先，显而易见，如果 AIGFP 所担保的任何债券出现拖欠问题，AIG 当然需要偿还。按照历史统计的预测，AIGFP 能够应对相对较低的违约率，但是如果违约率出现了风险模型没有预测到的急剧上升，AIFGFP 将无法应对。其次，如果 AIGFP 自身的公司债务评级下降并低于 AAA 等级，AIGFP 信用违约掉期的购买者有权要求 AIGFP 提供抵押。这种信用等级的下降是完全在预料之外的——除非信用评级机构认为 AIGFP 合同的市场价格出现大幅度下跌，在事件的后续发展中，AIG 不得不公布这些内容。但是，企业的领导者没有预料到明显的价格下跌和信用等级下降。

现有的证据证明，在为其产品进行定价的时候，AIGFP 基于历史数据考虑了大量可以预期的风险——这是保险公司如何评价产品的基本问题，在这里，一种产品的损失通常情况下是独立于其他产品的，例如人寿保险和汽车保险。但是这并没有考虑到系统损失——即大规模的、史无前例的损失——

发生的可能性，例如几乎不具有历史数据的灾难性事件。

在2008年9月15日雷曼兄弟公司破产以后，9月16日，信用评级机构把AIG的信用等级从AAA级下调到AA级，这在一定程度上迫使AIGFP根据行业公约为其保险合同增加了大量的抵押，据有关统计，数额约为180亿美元。客户抵押要求和违约支出带来了严重的后果：高盛（Goldman Sachs）要求并获得了80多亿美元的抵押，其他银行也纷纷提出大规模的抵押要求。

在警报拉响的情况下，投资者乱了阵脚并开始抛售AIG股票，从而使AIG股票价格狂跌，仅仅一天竟然下跌了60%。穆迪（Moody's）、惠誉（Fitch）、标准普尔（Standard and Poor's）进一步调低AIG的信用等级，迫使AIG又增加了150亿美元的抵押。9月22日，AIG被道琼斯工业指数除名。截止到9月底，由于信用评级问题和产品市场价值的下跌，AIGFP被迫增加了320亿美元的抵押。到10月24日，为了履约，AIG向美国政府贷款的额度达到900亿美元。在第四季度末，AIG的损失达到610亿美元，这是AIG历史上最大的损失。当赤字达到990亿美元的时候，完全是由于联邦政府的支持，AIG才仍然具有偿债能力。

接下来我们将AIG的情况与美国另一家大型保险企业——旅行者公司（Travelers Companies）的情况进行比较。2007年，两家公司均销售了大量的保险产品，包括个人汽车保险、房屋保险和商业财产险。旅行者公司是与AIG的业务运营具有可比性的九大保险公司之一。两家企业的规模都比较大：2007年，旅行者公司的经营收入达46亿美元，AIG的经营收入达62亿美元。但是在这之后，它们的命运却有天壤之别。2007年和2008年，旅行者公司股票的表现超过了美国标准普尔500指数，而AIG的股票几乎损失了其全部价值。将AIG从其工业股票指数中除名8个月以后，道琼斯将旅行者公司加入了它的领头羊指数（bellwether index）。

AIG和旅行者公司之间的主要差异在于：旅行者公司没有设立和AIGFP相当的部门，并且旅行者公司在2004年停止了对居民住房抵押贷款支持证券（residential mortgage-backed securities）的担保，最终的担保额只有2亿美元。退出抵押贷款支持证券业务的决策源于公司高层。旅行者公司首席执行官杰伊·菲什曼（Jay Fishman）解释说："我们停止对其购买的原因在于，这些结构性产品的风险调节收益与我们对其创新性的看法不一致。”长期以来杰伊·菲什曼一直关注“分布的尾部”——不太可能发生、但是一旦发生就会导致严重损失的事件，例如席卷美国东北海岸的飓风——因此旅行者公司没有从事短期内有利可图的向分布尾部提供保险的业务。

两家企业具有相同的市场，相同的产品，但是结果却截然不同。并且我们认为，大部分的差异可以归咎于 AIG 领导力的不足。例如，我们从 AIG 雇员那里了解到，AIGFP 领导金融产品部门的总裁约瑟夫-卡萨诺几乎不受公司首席执行官的监督，并且专制独裁，不能容忍内部挑战。同样，公司首席执行官很少受到其领导的有效监督，至少监管评级机构评定 AIG 董事会的等级结构是这样的。在 AIG 国有化的前一年，在从 A 到 F 的监管等级系列中，公布的主要上市公司的平均监管等级处于 C 级，而 AIG 的监管等级列于 D 级。AIG 的监管水平弱化的一个表现是，AIG 董事会决定给与其首席执行官苏利文的报酬较可比公司平均水平高 20%。这一决定无视下面的事实——如 AIG-FP 雇员后来所报告的——首席执行官对其经营状况的风险缺乏了解，因此对应该给予高度重视的部门没有进行监管。

AIG 的董事会曾被反复警告，总公司由于 AIGFP 而面临着超乎寻常的风险。2005 年，美国互助储蓄银行监管办事处（Office of Thrift Supervision，OTS）成立，它作为 AIGFP 的主要监管者，向 AIG 董事会通报了监管过程中发现的“AIGFP 复杂业务交易的票据化、会计政策和程序、压力测试、风险承受能力信息、企业职权线、信用风险管理和衡量等方面的不足”。2007 年夏天，灾难来临前夕，OTS 提醒 AIG 注意次级抵押贷款的风险，并要求董事会改善 AIGFP 的组织控制和风险管理。同样，2008 年年中，AIG 的外聘审计机构普华永道（PricewaterhouseCoopers）也提醒过 AIG 应注意这样的会计问题。

在 2007 年末和 2008 年初金融风暴愈演愈烈之时，信用评级机构还在继续给予 AIG AAA 等级，这或许是为什么尽管已经收到了监管和会计方面的警告，董事会和首席执行官却没有加强对 AIGFP 的审查的原因。考虑到 AIG 董事会和首席执行官的监督不力，AIGFP 总裁无视市场和监管部门的提醒也就不足为奇了。卡萨诺亲历了近二十年的业务飞速增长和私人金融业务大获成功的快乐时期，并且见证了 AIGFP 由于他的决策而成功的大量事实。通过研究我们了解到，乐观的组织和个人的激情容易导致非最优决策，过度自信甚至傲慢驱逐了对风险，特别是长期的低概率风险的理性评价。

由于这是可以预测的行为模式，AIGFP 总裁的监督者——AIG 的首席执行官——应该适时防止过度乐观。但是，AIG 的几任首席执行官亲身经历了 AIG 成长为世界上最大的保险公司，并被纳入道琼斯工业指数和美国最耀眼的蓝筹股企业名册的辉煌成就。反过来，控制首席执行官们由于持续稳定的胜利而滋生的过度自信又是 AIG 董事会的领导责任。但是监管评级机构的 D 级意味着，董事会本身在防止管理团队高层做出非最优决策方面组织不力。

因此，这导致了企业决策方面的集体领导失误，不论是管理层还是董事会。可以说，三个领导层中的任何一个如果能够更加有效地发挥领导力，都将会使 AIGFP 总裁合理地估计其经营所承担的大规模风险，并且能够通过准备担保产品的价值发生系统性下跌时所需要的抵押来预防风险，能够听从监管者和审计者的警告，能够更合理地对保单进行定价，从而考虑到高于可预测水平的风险发生的可能性。

从 AIG 的经验中得出的领导指导原则

避免灾难发生的一个重要的领导指导原则是，确保董事会、首席执行官和业务经理们不管是在彼此之间还是在与下属之间，都作好充分准备并进行有效的组织管理，避免对低概率、恶性影响事件过度自信。更一般的来说，对于任何公司、机构或者国家，一个关键的领导指导原则是，营造淡化成功并提高对未解决问题和潜在威胁的警觉性的文化氛围。培养公司文化或者进行领导决策时，能够牢记管理指导原则的一个有效的方法是时刻提醒自己 AIG 失败的原因。

AIG 的灾难进一步强化了极端风险管理的四项原则。世界上最大的保险公司沉没并为政府接管也为这四项领导原则提供了实证。

第一项原则是从灾难中学习，这一原则强调如果要避免灾难，可靠地评估风险及其不确定性的重要性。部分地由于 AIG 领导和监管失误，企业执行者和领导者完全低估了在一个 AAA 信用等级公司进行价值 1 兆美元无担保的信贷违约掉期投资组合的风险。

第二项领导原则强调对复杂机构中的一个部门也能够使所有部门陷入危险的认知的重要性。在某个时刻看似安全的相互依存关系，之后可能发展成为不安全的连锁反应。在 20 年的时间里，AIGFP 不仅没有威胁到公司整体，而且实际上成为整个公司的重要掌舵者。但是在 2008 年，当 AIGFP 的优良资产变为毒性资产并使其他 240 多个部门陷入困境时，这种良性的相互依存关系演变为致命的依存关系。

第三项领导原则要求始终对工作人员可能带入工作中的行为偏差保持警觉。不足为奇的是，AIG 和 AIGFP 史无前例的成功滋生了管理层的傲慢，从而严重低估了其自身所积累的风险。成功之后，组织领导者和执行者更应该预防某项成功可能导致的灾难性后果，防止对将来可能发生的风险过度自信。

第四项领导原则指出了在事前培养避免风险的领导力的重要性。如果当初 AIG 董事会和首席执行官能够加大投资，对其业务经理进行持续培训，那么将会形成一个壁垒，防止 AIGFP 最终摧毁整个公司的恶性行为偏差。

默克制药公司

现在我们再来用另一家企业开发产品的经验说明避免灾难的第二个领导指导原则，即长期性和战略性思维。默克制药公司（Merck & Co.，Inc.）是美国一家大型制药企业，其产品 Mectizan，是一种治疗西非流行疾病的药物。

1978 年，默克制药公司研发主管罗伊·威格罗斯（Roy Vagelos）负责一个管理严格的科学研发部门，当时其中一位科学家主张开发一种能够治疗流行于西非的河盲症的药物。这位科学家研制并检验了一种叫做伊维菌素（Ivermectin）的抗生素，在此之前已经被证明能够有效地杀死多数动物（从猫到狗，从牛到羊）身上的寄生虫。当时，有 1 000 万人面临着染上这种疾病的风险，并且成千上万的人已经因河盲症而失明。威格罗斯意识到，采用、实验和生产这一药物需要花费数年时间，并且需要数百万美元的投资——这项投资属于制药产业开发商业化成功产品的常规支出。

威格罗斯还意识到一个压倒性的问题：感染了河盲症的居民居住在尼日利亚以及其他西非国家的偏远地区，并且他们几乎没有可支配收入。对拥有数百万潜在发达国家客户的产品进行投资是商业化药物研发的基本前提条件，但是如果某种产品的客户群体集中在发展中国家，并且没有能力购买这一产品，那么为这一产品的开发提供资金并不是营利性企业的使命。更糟糕的是，如果默克制药公司研发伊维菌素，还必须承担其在非洲偏远地区的制造和管理费用，因为当地并没有现成的相关基础设施。

从投资的短期收益分析来看，开发和销售伊维菌素产品是行不通的。但是考虑到长期战略分析，威格罗斯认为这是有意义的。威格罗斯的眼光不是放在提高季度或者年度销售额上，而是着眼于未来十年甚至数十年周期内的收入流。出于战略性考虑，威格罗斯意识到，如果开发伊维菌素，默克制药公司将不得不免费赠送此药物，但是总有一天企业会通过伊维菌素获得至少三方面的好处。

第一，如果默克制药公司对一种产品的投资能够挽救 2 000 万河盲症患者，并广为人知，将会大大提升企业的公众信誉，这是受规制产业（其销售依赖于医生的推荐）中企业经营的一个重要方面。第二，默克制药公司从事研发的决策将会成为一个有力的招聘广告，能吸引最好的科学家流向公司。第三，免费药物的研发与赠送迟早会使得默克品牌在诸如尼日利亚等河盲症泛滥的国家站稳脚跟。

1978 年，威格罗斯决定开始研发伊维菌素，到 1987 年，伊维菌素被实验并应用于人类，当时的名字为 Mectizan。在一个宣传此药物作用的发布会上，威格罗斯宣布默克公司将会永远生产和赠送 Mectizan。伊维菌素的研发始于一系列艰难的领导决策。默克公司投资了上百万美元进行研发，并且不得不每年投资约 6 000 万美元用于生产。由于河盲症患者需要持续服药 17 年，最终的投资额将会超过 10 亿美元。

但是从长远来看，默克由此得到的战略利益是可观的。当企业为了研发而招聘科学家时，Mectizan 产品成为有力的招聘工具。20 世纪 90 年代，美国《财富》杂志评选美国最高荣誉企业时，默克连年名列榜首。约 1.4 亿尼日利亚人会在众多竞争者中优先考虑购买默克产品，因为默克每年向约 1 000 万感染河盲症的尼日利亚人免费分发 Mectizan。

威格罗斯在自我评定中说道："某些人认为，企业不应该从事捐赠业务，其首要的任务应该是回报给股东较高的分红，而不是将企业资源浪费在礼物上。但是我不同意这种看法。”他指出，Mectizan 以及其他赠送计划使得“默克的员工充满自豪并且工作激情高涨，因为他们希望使全世界的人们生活得更好。这也帮助我们招聘到了最好的人才，并提高了企业员工的士气”。

若干年以后，当批评家们对默克的一种畅销药物——Vioxx（一种治疗关节炎的产品，在世界范围内拥有 2 000 万用户，累计用户数达 8 400 万）的安全性提出质疑的时候，默克遭遇了金融和信誉灾难。新的研究表明 Vioxx 使用者的心脏病发病率提高，默克公司于 2004 年从市场上召回 Vioxx 产品。默克制药公司受到广泛的批评，主要是针对其没有较早地公布服用 Vioxx 可能增加心血管疾病发病率的事实，由此默克公司不得不面对高昂的赔偿诉讼。

早期 Mectizan 帮助默克树立的社会责任信誉能否在一定程度上缓冲这次冲击并不明确，但是有关 Vioxx 召回和诉讼的媒体报道常常会参考默克早期对 Mectizan 所做出的承诺。默克制药公司的网站上也做出同样的评论，宣布公司从市场上召回 Vioxx。公司指出，此决定源于其“维护最高伦理和价值的承诺”，并且这一承诺出现在“Mectizan 捐助计划”中，这是“我们履行社会责任的深远承诺”的一个例子。

从默克的经验中得出的领导指导原则

避免灾难的另一个重要的领导指导原则是长期性和战略性思维。长期性思维意味着，领导层积极地考虑决策的影响，不仅仅考虑决策在未来财政季度或年度的影响，而是考虑其在未来 5 年、10 年甚至 20 年的影响。战略性思维意味着，具有领导责任的人积极地考虑他们的决策将产生何种影响，这一影响不仅仅局限在其个人或近期的目标，如短期利润，领导者应该关注整个组织，甚至更大范围的福利。

长期性和战略性思维的领导指导原则能够为较好地避免将来不可预测的灾难提供宝贵的平台。牢记这一指导原则的一个方法是回想默克运行良好的一面。

与 AIG 的灾难相同，默克的成功同样为贯穿本书的避免灾难的几个指导原则提供了实践证明。长期性和战略性思维对于评估潜在威胁是至关重要的。Mectizan 对默克公众地位的提高最终被证明有利于降低默克公司在招聘研究人才时面临的不确定性。

长期性和战略性思维也是评估相互依存关系的关键。默克研发非营利但是有效的药物的决策，为其缓冲公众对后来投放市场的药物的异议提供了帮助。

最后，长期性和战略性思维还有利于克服不可避免的行为偏差。管理层的短视是经常出现的行为偏差，威格罗斯关注十年后企业在市场上的情况，这有利于确保其公司真正能够维持良好的市场地位。

火灾消防

对于多数管理者来说，领导别人并不是一种与生俱来的能力。但是，一般情况下，各组织会默认领导力是与生俱来的，将某些人推向领导者的位置并非因为他们的领导能力而是因为他们的技术能力，因此也没有进行领导指导原则方面的培训。关于这种非最优选举和不充分训练的严重后果，可以参考两起载入史册的荒野火灾中领导者的行为。我们将简要地描述这两起灾难，然后分析美国行政机构为加强消防员在灭火中的领导力而采取的培训措施。在这两起灾难中，最显著的判断失误在于，如果消防队伍的负责人能够得到我们所强调的领导指导原则的充分指导，就可能避免灾难性的后果。本部分将提供源自实践的、强调提前培养预防灾难的领导力的指导原则。

1949 年 8 月 5 日下午 4 点，14 名消防人员中的一名指挥员和一名消防员跳伞进入曼恩峡谷（Mann Gulch），试图扑灭蒙大拿山脉上的森林大火。截止到下午 5 点 56 分，13 名消防员在大火中牺牲——这是美国荒野火灾历史上最严重的灾难。另一起灾难发生在 1994 年 7 月 6 日，49 名消防人员分散在美国科罗拉多州格伦伍德温泉附近的风暴王山（Storm King Mountain）。刚过下午 4 点，14 名消防人员就丧生于风暴王山的熊熊大火中。

在这两个案例中，坏运气和环境因素的致命后果导致了消防人员的牺牲，但是领导决策也起到了关键性的作用。直接负责现场的领导者在火灾现场的决定命运的几个小时中，面临着一系列决策点，并且这些决定将消防队伍推向了灾难的边缘。

在曼恩峡谷灾难的案例中，救火指挥员做出了几个非常及时的领导决策，其中包括在最后一分钟决定通过烧出一个安全区来挽救消防员。但是消防员拒绝撤离到安全地点，部分原因是当时他们已经失去了对救火指挥员领导力的信心。救火指挥员于下午 4 点进入曼恩峡谷火场以后，几乎没有对消防员说过什么，既没有解释决策，也没有对形势进行任何评价，并且当他们穿越火场时，他将一个经验最欠缺的消防员派往第二重要的现场。此外，在消防员降落到曼恩峡谷之前，救火指挥员从来没有对他们进行过训练。结果，救火指挥员的权威在最需要执行的关键时刻，遭到了质疑。

尽管救火指挥员在曼恩峡谷事故中对其领导失误负有责任，但是在致命性的后果发生之前，他并没有接受过领导力培训以克服自己与生俱来的限制。此外，当时美国的政策主要是针对消防队伍在面临火灾时要团结一致，而不是在被召唤与火灾战斗之前做到训练有素。如果降落在曼恩峡谷之前，救火指挥员受到很好的培训，并且其消防队伍也训练有素，那么灾难性的后果就不可能发生。

曼恩峡谷灾难之后约 45 年，风暴王山火灾中一系列的领导失误再次导致了灾难的发生。这次，也有一位消防员领导（没有被正式任命为救火指挥员，但是实际上履行了救火指挥员的职责）在 1994 年 7 月 6 日这关键的一天中做出了若干正确的决定。在火势蔓延之时，他确保了额外的救灾准备；配备空中监视以对火灾现场形势进行评价；并且在火势濒临爆发之时，确保了大量消防人员的安全。但是同时，他也做出了若干非最优决策，包括试图遏制火灾而决定建立一道风险防线；模棱两可地允许消防人员负责人离开；没有及时搜集关于当地大风警报的最新预报。

火灾发生时，许多美国最出色的林野消防员被派往风暴王山，但是资深观察员最终发现，他们被卷入了一场实际上完全可以预防的灾难中。如果连那些灭火技术最娴熟的消防员也被困于大火，那么正规消防技术的缺乏并非导致灾难的主要原因。例如在曼恩峡谷灾难的案例中，救火指挥员从来没有受到过如何领导消防战斗的训练。实际上，当时通常的做法是让乘坐直升机首先着陆在火灾现场的某一名消防员来负责指挥，不管他事先是否具有领导训练和经验。曼恩峡谷灾难和风暴王山灾难的原因都是在危急时刻快速做出正确决策的领导力的不足。如果某人对火灾情况了解全面但是对人类行为知之甚少，那么他只掌握了领导消防战斗所必需的一半的装备。但是，当时政府的做法往往只强调领导者对火灾情况的了解，而不是对人类行为的了解。简而言之，好的领导者只能在没有经过事先培训的情况下，靠自己掌握所需要的能力。

1994年灾难之后，2001年，美国国家野火协调小组（National Wildfire Coordinating Group，NWCG）——一个联邦和州野火消防机构，制定了野火领导力发展计划来提高领导技能，以使得负责的消防员能够“做出正确、及时的决定”。联邦机构设立了一系列课程，深入培训领导者在妨碍灭火的变化无常、不熟悉和复杂的环境下进行决策的能力。

这些领导力课程强调，培养领导者在火场做出安全、快速、有效的领导决策的能力，还强调要学习如何处理不明确的权威和个人压力。由于做出非最优决策的原因不可能被完全杜绝，联邦课程的目的在于避免消防灾难发生的一个重要原因，即事故指挥者在进行领导决策以及其他决策方面的准备不足——特别是面对紧张的压力时，训练不足的领导者更容易导致灾难的发生。

为了增强培训课程的效果，野火领导力发展计划还引入了一系列运用战场“参谋乘骑作业”（Staff Ride）的概念的学习经验。美国军队长期以来用“参谋乘骑作业”来进行军事战略教育，参谋乘骑作业是指根据现场（诸如葛底斯堡和诺曼底战场）做出关键的领导决策。这些训练课程的精髓在于，通过其他人的不可磨灭的经验，使领导指导原则扎根于将来可能处于领导地位的人的思想中。

从消防实践中得出的领导指导原则

曼恩峡谷火灾和风暴王山火灾中消防队的实践强调了灾难管理的一项指导原则，即在事前培养避免和应对灾难的领导力的重要性。在两起火灾中，领导者都是志愿走上领导的位置，却没有受过如何进行领导的培训。因此，如果他们能像他们现在的继任者那样，具备领导力，那么曼恩峡谷火灾和风暴王山火灾就不会演变成人类的灾难。

对处于高风险情况下的领导者来说，必须掌握在压力下做出清醒判断和生存策略清晰沟通的领导指导原则。领导力发展计划中应该加强这些指导原则的贯彻，曼恩峡谷火灾和风暴王山火灾也指出了领导者在真正执行领导任务之前掌握这些指导原则的重要性。总之，AIG、默克和火灾的案例说明了以下基于实践的避免和应对极端风险的领导指导原则。

防灾、减灾的领导指导原则

确保公司、社会组织和政府领导者，不论是对其自身还是对其下属，在避免对低概率、恶劣影响事件过度自信方面做好充分的准备和制度安排。

营造淡化成功、对未解决的问题和潜在风险高度重视的氛围。

培养长期性和战略性思维的能力，积极地考虑到领导决策对未来数十年的影响，不仅考虑对狭义的有限目标的影响，而且考虑对所有利益相关者的深远影响。

应对极端风险的领导指导原则

对低概率、高损失事件的风险和不确定性进行可靠的估计。

认识到复杂机构中一个部门能够导致所有部门陷于危险之中，以及在既定时刻看似安全的相互依存关系可能在将来发展成为不安全的连锁反应。

了解人们带入工作中的行为偏差，并寻找避免其发生的方式。

事前在整个机构组织内部培养避免和应对灾难的领导力。

面对极端风险的领导力的长期重要性

AIG、默克和火灾的案例强调了发展防灾、减灾的领导力的两个原则的重要性。原则一：由于对许多管理者来说领导力并非与生俱来的，因此领导力的培训必不可少。对于那些负责风险管理和组织领导，并且面临着自然灾害或者人为灾难严重威胁的领导者来说，培养领导力最好的时间是在真正实施领导之前。

原则二：由于许多领导指导原则是抽象的形式，难以记忆，因此将这些指导原则扎根于实践中极其重要。做到这一点的较为有效的方法之一是，让潜在的或者未来的领导者了解领导力帮助避免可避免的灾难的实践和经验。

课程培训项目是贯彻领导指导原则的一个较好的方式，切实的现场教育能够形成不可磨灭的记忆，有利于牢记如何运用这些领导指导原则。后来的个人实践有利于拨开领导指导原则的抽象面纱，并将理论与实践有效地相结合起来，这一点优于大部分其他学习方法。研究者马克斯·巴泽尔曼（Max Bazerman）总结指出，“能激发激情的、生动的、易于想象的、较为具体的事件”比缺乏激情的、乏味的事件，能够更好地嵌入主体的记忆中，因此更能够指导其将来的领导工作。

通过 AIG、默克和火灾的案例，我们更清楚地认识到面对风险时，训练有素和经验丰富的领导者的重要性。为了避免灾难的发生，重要的是：首先，要确保监管者、执行者和业务管理者做好了充分的准备和制度安排，能够在其组织管理中避免出现对低概率、高损失事件的发生及其影响的过度自信。其次，培养监管者、执行者和业务管理者的长期性和战略性思维，更充分地意识到如何在低概率但灾难性的事件发生之前对其做好最充分的准备，这是极其重要的。

《知你所不知》

作者:迈克尔·罗伯托

ISBN:978-7-300-13255-6　定价:36 元

在本书中,畅销书作家迈克尔·罗伯托告诉企业管理者:怎样超越单纯的“解决问题”,在问题萌芽时就将其发现并消灭,从而防患于未然,带领企业走向成功。

问题为什么常常躲藏在阴暗的角落不为人知?罗伯托从这个问题出发,首先找到问题被隐藏的各式各样令人吃惊的原因。接着,他提出了解决问题的有效方案。怎样获得关键的第一手资料?面对组织中看似互不相关的事件,怎样识别出深层次的问题?怎样激发一线员工坦率讲出所发现的问题?怎样鼓励有益的错误?

任何致力于寻找和解决问题的管理者,都会从此书中获得启迪。书中丰富的案例所总结出的经验教训可以应用于任何领域。罗伯托教授用“行动研究方法”为繁忙的企业管理者提供了实用的工具,帮助他们面对当今商界的主要挑战。

《公司的灵魂》

作者:哈米德·布希基　约翰·R·金伯利

ISBN:978-7-300-12145-1　定价:29 元

本书认为,公司形象好比公司的灵魂。我们正置身于一个崭新的形象时代之中。在这个时代里,员工、顾客、投资者以及其他利益相关者都对公司形象高度关注。更为重要的是,公司的形象与公司文化、企业战略、品牌定位等有密切的关系,并会对公司的业绩产生重要影响。如果战略决策与公司形象相悖,再好的战略也难以发挥作用。好的形象对于公司而言是一项极其重要的资产,差的形象则会成为公司的一项沉重负债。

书中选取了世界上许多著名公司的真实案例来说明如何管理公司形象,如何发挥公司形象的作用,如果利用公司形象创造出更长久的价值。本书还说明了公司在兼并收购、战略联合、分立剥离以及创新品牌等不同的情况下如何应对形象挑战。

除了丰富的案例外,本书还提出了“形象审计”这一概念,并辅之以问卷调查、培训设计等具体方法,为领导者塑造和管理公司形象提供了可操作性的指导。

《解锁增长机遇》

作者：亚历山大·范普滕　伊恩·麦克米兰

ISBN：978-7-300-13330-0　定价：29 元

如今大多数企业所使用的投资分析工具，都并不眷顾真正的创新。这些工具有误导作用，企业会因此错失大好机遇。而本书将为大家介绍的是机遇开发理论，它另辟蹊径，具有突破性意义。

本书借鉴了金融分析领域的最新成果，但无需读者动用多少数学修为。两位作者阐述了如何运用机遇开发法为不确定性较高的项目移除风险，从而为企业追求高回报的创新铺平道路。您将学会如何摆脱“要么全面执行、要么不执行”的思维模式的钳制，灵活决策，全面考虑每个项目在商业运作过程中可能做出的选择、可能采取的模式和可能出现的机遇。

《变革始于个人》

作者：J·斯图尔特·布莱克　哈尔·B·格雷格森

ISBN：978-7-300-13061-3　定价：36 元

变革应该从什么地方开始？组织结构？内部机制？企业文化？……本书作者发现：变革首先需要改变人们头脑中旧有的“心智地图”，这个地图是人们的思维惯性，决定着人们的行为方式，不改变每个人头脑中的这幅地图，整个组织的变革就无法成功。

然而，改变个人，障碍重重，最大的障碍有三个：要么看不见需要变革；或者看见了但没采取行动；要不就是行动了却没有坚持到底。最终的结局都是失败。作者明确给出了解决这三大障碍的路径，帮助每一个管理者迎来成功的变革！

图书在版编目（CIP）数据

灾难的启示：建立有效的应急反应战略/昆鲁斯等著；何云朝等译．—北京：中国人民大学出版社，2011.6

ISBN 978-7-300-13848-0

Ⅰ.①灾… Ⅱ.①昆…②何… Ⅲ.①突发事件-公共管理-研究 Ⅳ.①D035

中国版本图书馆 CIP 数据核字（2011）第 102064 号

灾难的启示：建立有效的应急反应战略

霍华德·昆鲁斯　迈克尔·尤西姆　等著

何云朝　李险峰　兰　花　等译

Zainan de Qishi

出版发行	中国人民大学出版社		
社　址	北京中关村大街 31 号	**邮政编码**	100080
电　话	010－62511242（总编室）		010－62511398（质管部）
	010－82501766（邮购部）		010－62514148（门市部）
	010－62515195（发行公司）		010－62515275（盗版举报）
网　址	http://www.crup.com.cn		
	http://www.ttrnet.com(人大教研网)		
经　销	新华书店		
印　刷	北京中印联印务有限公司		
规　格	165 mm×240 mm　16 开本	**版　次**	2011 年 6 月第 1 版
印　张	10 插页 1	**印　次**	2011 年 6 月第 1 次印刷
字　数	144 000	**定　价**	29.00 元